Matthias Stührwoldt wurde 1968 geboren und lebt im schleswig-holsteinischen Stolpe, wo er heute einen Biohof bewirtschaftet. Nach Abschluss der Schule hat er Landwirtschaft gelernt, Zivildienst geleistet und eine Ausbildung zum Erzieher absolviert. Danach besuchte er die Landwirtschafts- und die Höhere Landbauschule. 1998 übernahm Matthias Stührwoldt den elterlichen Hof. Er ist verheiratet und Vater von fünf Kindern.

Seit 1993 schreibt er mit unerschütterlichem Humor Geschichten und Kolumnen über das Landleben. 2003 erschien sein erstes Buch „Verliebt Trecker fahren" mit hochdeutschen Geschichten, dem inzwischen einige weitere gefolgt sind. Seit 2010 ist Matthias Stührwoldt Autor und Sprecher der NDR-Sendereihe „Hör mal'n beten to". Im Quickborn-Verlag sind seither mehrere Bücher mit plattdeutschen Geschichten und Erzählungen erschienen, auch gibt es einige Hörbücher mit Live-Mitschnitten seiner überaus beliebten Lesungen!

Matthias Stührwoldt

Quer dörch

Plattdütsche Geschichten

Quickborn-Verlag

Die plattdeutsche Schreibweise des Autors
ist unverändert übernommen worden.

ISBN 978-3-87651-501-4

Umschlagfoto: Achim Schnoor
Umschlaggestaltung: Günter Pump, Nordhastedt
Gesamtherstellung: CPI books GmbH, Leck
*Der Umwelt zuliebe
auf chlorfrei gebleichtem Papier gedruckt*
Printed in Germany

Inhalt

Quer dörch Över düt Book

As Autor wünsch ik mi natürli, dat all de Böker, de ik schreven heff, ok ümmer wedder opleggt warrt. Aver mi is ok klor, dat de Welt so nich funktioneert. Kloor, dat ik ümmer trurig weer, wenn mien Verlegger sä, dat oder düt Book schull nu utlopen un nich wedder druckt warrn. So veele Geschichten vun mi, de nu nich mehr to kriegen weern. Af un to kümmt dat denn vör, dat ik nah een Optritt fraagt warr, in welket Book een bestimmte Geschicht is, un denn mutt ik seggen: Dat is in „Lever he as ik", aver dat gifft dat nich mehr. Is vergrepen. Muttst du op den Flohmarkt söken. Oder int Antiquariat.

Tatsächli heff ik al een poor Mol Böker vun mi op een Flohmarkt köfft. Ik weet noch, wo ik mi freut heff, as ik dor dat erste Mol een Book vun mi wies worr, un forts full mi in, dat een Autorenkolleeg mol seggt hett, etableerten Autor büst du erst, wenn dien Böker op den Flohmarkt verköfft warrt. Supi, dach ik, aver denn worr mi ok kloor, dat dat Lüüd geev, de mien Böker los warrn wullen. Meist weer ik een beten beleidigt. Ik heff mien Book denn frie köfft, för twee Euro. Un bi de nächste Lesung för söven verschüert. So gode Geschäfte mook ik blots selten mol.

Intwüschen gifft dat söven Böker vun mi, de dat nich mehr gifft. Dat erste, „Schnack vernünfti mit mi", is vun 2010, dat letzte, „Knackwust!", vun 2019. Negen Johren, in de so veel passeert is, in mien Leven. Ik meen, weer ja ok trurig, wenn in negen Johren Leven nix passeert.

Dat allermeiste, wat ik schrieven do, hett sien Ursprung in mien Leven, un dat meiste denk ik mi nich ut, sünnern vertell dat villich blots een beten anners. Manches is wohr, manches is logen, anner wat is wohr un logen, to glieke Tiet. As ik all de vergrepenen Böker nu noch mol dörch keken heff, üm för düt Book Geschichten ut to söken, weer dat, as weer ik in mien egen Leven to Besöök, to de Tiet, as ik de Geschichten schreven harr. Negen Johren. 2010, dor weern uns fief Kinner twüschen negen un söventeihn, un mien Öllern hebbt as Olendeelers noch op den Hof mit holpen. 2019 weern de Gören twüschen achtteihn un sössuntwintig, all erwassen, de meisten ut Hus, un mien Vadder, mien Mudder un mien Broder weern storven. Negen Johren Leven, un mien Geschichten vertellt dorvun, vun dat Lichte jüstso as vun dat Schwore.
Ik heff överleggt, wat ik all de Geschichten nu noch mol bearbeiden möss, dormit in düt Book een eenheitliche Perspektive op mien Leven tostann kümmt. Ik heff mi dorgegen entscheedt. Jede Geschicht steiht för de Tiet, ut de se stammt. Quer dörch, all dörcheenanner. So kümmt dat, dat mien Mudder op de eene Siet noch Pandbuddeln söcht, op de anner is se al doot. Dat heff ik mi nich utdacht. Dat keem eenfach so. Dat is dat Leven, un de Doot höört dorto. Ok dat is mi wedder kloor worrn, in de Vörbereidung för düt Book.

Willkomen in mien Leven. Willkomen in düt Book. Eenmol quer dörch. Ik hoff, ji hebbt een gode Tiet bi't Lesen.

Stolpe, Juli 2023 *Matthias Stührwoldt*

In Vadder sien Tasch

In mien Vadder sien Arbeitsmanchesterbüxentasch weern ümmer veer verscheedene Saken. Een Messer, een Nagel, Draht un Band.
Dat wichtigste weer dat Messer. Vadder harr ümmer son richtiget Buernmesser, ümmer wedder an Schliepsteen scharp mookt, de Kling jichtenswann so dünn, dat man meist dörchkieken kunn. Mit düt Messer worr allens schneden. Appeln, Fingernagels, Strohband, Schietklumpen an Kohsteert, Koken bit Kaffeedrinken op Feld, wenn Mudder em wat to eten un to drinken to Koppel bröcht harr, un nich toletzt ole, dröge Rindernahgeburt, de sik bit Mistföhren üm dat Streuwark vun Miststreuer wickelt harrn.
An sien Messer kennt man een echten Buern vun den falschen Buern, heff ik mol hört. Wenn dat stimmt, bün ik wohl keen echten Buern. Denn ik heff meist twee Messer in de Tasch. Een för de Appeln un een anner för de Nahgeburt. Mien Vadder seggt, ik bün verwöhnt un verweekligt un nich blots keen richtigen Buern, nee, nich mol een richtigen Kerdl. Höchstens een Melkbubi.
De Nagel weer blots machmol in Vadder sien Tasch. Meist harr he den Nagel in Mund un kau dorop rüm; denn Vadder bruuk ümmer wat, üm dorop rüm to kauen. Oft weer dat een Strohhalm, machmol aver ok een Nagel. De Nagel weer veelsietiger intosetten. Op Stroh kunn man blots rümkauen, mit een Nagel kunn Vadder sik ok de Ohren sauber moken. Un dornah

kunn he em wedder in Mund steken, denn harr he Geschmack.
Sowiet also dat Messer un de Nagel. Beides weer ümmer in Vadders linke Büxentasch, tosamen mit dat Band. In de rechte Büxentasch harr he ümmer den Draht. Vun Vadder heff ik dat eerste Gedicht in mien Leven lehrt; Vadder is nämlich een groten Fründ vun de Poesie. Ik weet noch, wo he vör mi stünn un mit lude, dütliche Stimm sä:

„Weiß der Bauer keinen Rat,
nimmt er Draht!"

Un he lang in de Tasch un trock den Draht rut un wies em dat Publikum, also mi, un sä:

„Hat er den nicht zur Hand,
nimmt er Band!"

Un he lang in de anner Tasch un trock dat Band rut un wies dat. Ik klatschte Bifall, un he verbeugte sik. Düt Gedicht warr ik nie nich vergeten. Denn dat is de Wohrheit. Wobi dat Band wichtiger is as de Draht. Wat een Buer mit Band allens moken kann! An besten is dat blaue Pressengarn ut Plastik, dat verrott nich un höllt sogor buten in Regen een halve Ewigkeit. Ik heff Ställe sehn, för Schoop un för Zegen, de weern ut nix anners tosamen bunnen as Paletten un blauet Strohband.
Ik kenn Buern, de gaht nich nah den Doktor hin. Een Buer ut de Naverschapp harr sik mol een Finger broken, dor nehm he sik een Stück Holt un twee Strohbänner un

schiente sik den Finger sülven. De weer denn zwar nich ganz grad wedder anwussen, aver de Buer bekeek sik dat, lach un sä, un dat weer dat tweite Gedicht in mien Leven:

„Beten scheef
hett Gott leev!“

Wenn een dörch de Landschapp föhrt, süht man dat överall: Band, Band, Band. Dormit warrt flickt, wat dat Band höllt, egol, wat dat is: De Tuun üm de Koppel, de Frontlader, de Ünnerlenker, de Rasenmeiher, de Melkmaschien, allens. Sogor unsen Ford Transit heff ik mit blauet Band flickt. An een Dag, dor wull de Stotstang rünner fallen, un ik lang in mien Tasch, hool dat Band rut, sä mien Gedicht op un bunn ehr hoch. Un dat höllt! Un kost hett dat gar nix!

Tscha, wenn ik keen richtigen Buern bün, so is mien Auto wenigstens een richtiget Buernauto. Dat blaue Band is de Beweis. Den Draht ut de anner Büxentasch heff ik noch nich bruukt. De is för den Notfall, för lege Tieden. Noch leger as nu.

Köh rutlaten

Dat is nu een paar Daag her, dat ik de Köh rutlaten heff. Dat is ümmer een besünnern Dag, jedes Johr wedder. De Winter is so lang, un de Buer hett soveel Arbeit, de ümmer de sülvige is: Melken. Misten. Foddern. Instreuen. Un wenn he an Avend dormit torecht is, denn fangt dat morgens wedder an. In Winter kann dat op den Buernhof recht eentönig warrn. Du arbeitst, du schlöppst un du stinkst nah Kohstall un nah Silo.

Aver nu is dat Fröhjohr dor. Dat Gras wasst, de Luft kümmt hoch, de Bööm schlagt ut, un ik heff de Koppeln dicht mookt un de Köh rutlaten. Mensch, wat is dat doch för een Freud. Den ganzen Vörmeddag bün ik op de Huuskoppel west un heff överall den Elektrodraht verbunnen, un de Köh harrn dat al klook kregen un drängelten sik an de Döör vun Stall un kunnen dat gar nich aftöven. Se bölken un stöten sik gegensietig vun den besten Platz ant Gitter wedder weg.

Un denn keem ik un heff dat Gitter op mookt un gung vörweg, den Kohstieg entlang, nah de Koppel hin. Se dörpt mi denn nich överholen. Ik bün de Leitbull, ik gah voran. Ümmer wedder versöökt se dat, aver ik pass op, un se loopt ungeduldi achter mi ran, bit wi op de Koppel sünd. Denn bliev ik stahn, un se springt an mi vörbi un geevt Gas un schlagt ut un bölkt un danzt un taumelt un loopt eenmol in Kreis un kontrolleert den Tuun un joopt wedder in Stall rin un denn wedder rut, so, as wullen se düsse grote Freud noch eenmol beleven. Un se rennt un springt un bölkt noch eenmol, un denn nehmt se opletzt de Köpp daal un fangt an to freten. Machmol kickt een Koh hoch, kickt mi an, un ik kann sehn, dat se glückli is. Un ik stah un freu mi, dat mien Köh glückli sünd un dat de Winter vörbi is. Denn de Köh sünd buten. Endlich buten.

Candle-Light-Dinner

Ik weet noch genau, wo dat weer, as Birte un ik dat eerste Mol tosamen utgahn sünd, ohne Oppasser för de Kinner. Dat is een poor Johren her, un dat weer an Valentinsdag. Birte harr uns een Disch int Restaurant reseveert, för een Candle-Light-Dinner.

De letzte Babysitter weer ne Niete west. Se harr ehren Fründ mit un hett to de Kinner seggt: „So, Kevin und ich gehen jetzt in die Stube. Wehe, ihr stört uns! Ich will keinen Ton hören, sonst reiße ich euch den Kopf ab und piss euch in den Hals!" Un se hett de Döör to mookt. Vun uns Kinner weer nix to hören west, ut de Stuuv ümso mehr. Babysitten is eben warmer as de Bushaltestell. Un en kriggt noch Geld dorför! Man, wi wullen nich dorför betahlen, dat en uns Sofa kaputt rammelt. Also hebbt wi den Babysitter füert. Un hebbt beschlotten, dat uns Kinner olt noog sünd, alleen to blieven.

De beiden Lüttsten, Carla un Jon, dörpten in uns Ehebett schlopen, Jon as Mamakind op Birtes Siet, Carla as Papakind op miene. Marie, de öllste Deern, schull oppassen un dörpte fernkieken, un de Twillinge Nora un Peer schullen in ehre Zimmer gahn.

So wiet, so goot. Jeder wüss, wo sien Platz weer, un ik harr för den Notfall dat Handy mit. „Aber ruft nicht wegen jedem Scheiß an!", heff ik noch seggt.

Denn sünd wi losfohrt, man blots teihn Kilometer, nah dat Fienschmeckerrestaurant int Naverdörp. Dor seten al veele Paare op den Saal, all ganz intim bi Schummerlicht, as de Höhner op de Stang. Man kunn nich mal richti dat Eeten sehn, so düster weer dat bi dat Candle-Light-Dinner. All de Paare keken sik so romantisch un zärtlich an un hebbt blots ganz liesen flüstert, un denn klingel mien Handy dat eerste Mol.

Nora weer ant Telefon.„Papa, Marie guckt gerade Alarm für Cobra 11. Darf ich mitgucken, ausnahmsweise? Ich geh danach auch ganz schnell zu Bett. Versprochen!“ – „Ausnahmsweise“, flüster ik in mien Harrdy. „Was? Ich versteh dich nicht! Du musst mal lauter reden!“, reep se, un ik flüster luut: „Ausnahmsweise! Und ruf nicht mehr an!“ Un ik legte op.

Dat duer keen twee Minuten, da klingel mien Handy al wedder. De Lüüd keken mi all an. Nu weer dat Peer. „Nora und Marie gucken Alarm für Cobra 11. Darf ich auch mit gucken? Ausnahmsweise? Bütte bütte bütte?“ – „Ausnahmsweise!“, flüster ik, nu richti luut, un legte wedder op. Nah twintig Sekunden klingel mien Handy nochmol wedder. Marie weer dat. Se schreeg: „Wieso dürfen Nora und Peer noch ferngucken? Das durfte ich als Lohn fürs Aufpassen. Und die dürfen das so, ohne was zu tun? Dann pass ich ietzt auch nicht mehr auf!“ Ik flüster: „Ganz ruhig, Marie! Wir reden nachher drüber, ja?“

Aver se harr al opleggt. Nu heff ik mi Sorgen mookt. De dree Groten schullen sik man nich in de Köpp kriegen, dor op Sofa. Dor klingel dat al. Peer weer dat: „Nora und Marie machen sich total fett auf dem Sofa und lassen mich da nicht mit sitzen! Und Marie hat mich gekniffen!“ All de Lüüd keken mi an. Se harrn gar nix

Intimes mehr to flüstern mit ehre Levensafschnitts-partner, se keken blots noch nah mi hin un schüttelten de Köpp. Ik brüll in mien Handy: „Peer, jetzt hör mal zu. Mama und ich wollen heute einen schönen Abend verbringen, bei unserem romantischen Candle-Light-Dinner, also macht, was ihr wollt, aber streitet euch nicht. Und ruft nicht mehr an, es sei denn, es brennt im Haus. Klar?“ Un ik legte op. Wi harrn eerst jüst dat Amuse-Gueule achter uns, un miene Stimmung weer eher bi‘t Holthacken as bit Candle-Light. Ik hool eenmol düchti Luft, lächel Birte an un flüster romantisch: „Na, mein Schatz?“ Dor klingel dat Schietding al wedder.
Ik keek in de Runde. „Das ist das letzte Mal, dass ich rangeh!“, segg ik luut, för alle, un güng ran. Dat weer Carla. Se ween: „Papa, ich hab schlecht geträumt. Darf ich auch ferngucken?“ – „Ja, meinetwegen“, segg ik rat- un wehrlos. Un denn heff ik, in de Hoffnung, allens geiht ümmer goot ut, dat Handy afstellt, ganz liesen un ohne Birte dorvun to vertellen. So hebbt wi doch noch wat mang de Kiemen kregen. Fief Gänge, un satt bün ik nich mol annähernd worrn, aver egol. Mit Romantik weer ok nix, aver wenigstens klingel mien Handy nich mehr. Un dat is doch ok al wat wert. All de intimen Valentins-dagpaare wüssen sik nix mehr to vertellen – se harrn ehre daglichen söven Minuten Ehegespräch al övervull – un keken sik ratlos an. Manche sünd achterran bestimmt noch nah‘n Imbiss fohrt, üm sik satt to eten. Wi nich. Wi wullen nah Huus, kieken, wat de Kinner moken dän, dat eerste Mol alleen.
Birte wunner sik een beten, worum se nich mehr anropen hebbt. „Sie haben begriffen, dass das gut für uns ist,

wenn wir auch mal was allein machen, ohne Kinder, ganz romantisch...“, segg ik un stell dat Handy wedder an, ganz still un liesen un ohne dat Birte dat markt hett. Ik weer verleevt as an eersten Dag, un ik harr Hunger.
As wi nah Huus keemen, sünd wi glieks nah de Stuuv ringahn. De Fernseher leep noch. All fief Kinner legen tohopen op Sofa un schlepen friedlich. Mann,wat sünd se doch sööt. Wenn se schloopt.

Schnack vernünfti mit mi

Eegentlich bün ik gor keen Plattdütschen. Mien Öllern hebbt twars ümmer Plattdütsch schnackt, aver nie mit uns Kinners. Mit uns hebbt se Hochdütsch schnackt, mit alle annern – mit Omas un Opas, mitn Tierarzt, mitn Melkkutscher, mitn Postbüdel, mitn Besamer, mitn Afdecker, mitn Veehhändler – mit alle worr Plattdütsch palavert. Blots mit uns nich. Dat hett ümmers heten: Wenn de Görn to School koomt, dann schüllt se orntlich schnacken könen. Un orntlich schnacken, dormit meenen se: Hochdütsch.

Dat weer komisch: Den ganzen Dag hebbt wi blots Plattdütsch hööрt, un wi kunnen dat ok goot verstahn, aver wenn se uns direkt anschnackt hebbt, denn schnacken se Hochdütsch mit uns, langsam un oberdütlich. As of wi utländische Uttuschschölers weern. Un wenn wi sülven mol anfungen, Plattdütsch to schnacken, denn keken se uns böös an, as wenn wi luut rülpst harrn, an Disch. Luut rülpsen, dat dörpten blots Oma un Opa. Denn heet dat: „Na Oma, hett di dat goot schmeckt?“ Wenn wi dat dään, denn kregen wi glieks Mecker oder een op de Füüß. Dat heff ik nie nich verstahn.

Plattdütsch schnacken, mit Erlaubnis, dat dörpte ik erst bi Opa. Plattdütsch is nämlich nich mien Mudderspraak; dat is mien Opaspraak. Bi em heff ik dat lehrt. Un ik glööv, dat weer noch lang, bevör he tüdelig in Kopp worrn is. Denn ik weer noch een recht lütten Jung. Un ik

weer alleen in Omas un Opas Olendeel, in ehre lütte Kaat, Oma weer bestimmt mol eben dröben bi'n Naver oder bi de Naversch, un ik harr groten Janker nah Schokolaad. De stünn bi Oma un Opa ümmer boben op Schapp in de Stuuv, in een Porzellanschöttel mit Deckel, glieks neben de Klock, unerreichbar för mi. dor stünn se un töőv op mi, un ik dach an all dat Leckere, wat dorbin weer. Jichtenswann harr ik noog vunt Jankern un bün nah Opa hingahn.
„Opa, lieber Opa, gibst du mir ein bisschen Schokolade?“ He keek mi an: „Wat wist du? Ik kann di nich verstahn. Schnack vernünfti mit mi!“ Ik sä mien Satz nochmol: „Opa, lieber Opa, gibst du mir ein bisschen Schokolade?“ He keek mi wedder an, jüst so, un sä jüst so: „Wat wist du? Ik kann di nich verstahn. Schnack vernünfti mit mi!“
Ik weer ratlos. Of Opa wohl verrückt worrn weer? Oder mit Mol ganz un gor nich mehr hören kunn?
Ik versöch dat nochmol wedder, un ik heff bölkt, so luut, as ik kunn: „Opa, lieber Opa, gibst du mir ein bisschen Schokolade?“ Un Opa bölk torüch: „Ik heff di hört, aver ik heff di nich verstahn! Schnack vernünfti mit mi!“
Langsam begreep ik, wat los weer. He wull, dat ik Plattdütsch schnacken schull. Un ik versöch dat: „Opa, lieber Opa, giffst du mi een bisschen Schokolade?!“ He keek mi an, vertrock de Schnuut un sä: „Dat weer al een beten beter, aver verstahn heff ik di noch immer nich. Versöök dat nochmol wedder.“
„Opa, lever Opa, giffst du mi een beten Schokolade?“ – „Ik heff meist allens verstahn“, sä Opa dor, „aver ik weet ümmer noch nich genau, wat du vun mi wist. Aver, dat

dat mol klor is: ik segg di nich, wat Schokolaad op Vernünfti heet! Versöök dat liekers noch eenmol, mien Jung."
Ik müss lachen, den Witz heff sogor ik verstahn. Un ik nehm all mien Konzentration tosamen in ik sä: „Opa, leve Opa, giffst du mi een beten Schokolaad?"
He höögte sik een un denn stunn he op, güng nah dat Schapp hin, böör de Porzellanschöttel rünner un sä: „Koom her, mien Jung, un lang orntlich to. Wenn du so vernünfti mit mi schnackst, denn schallst du ok Schokolaad vun mi kriegen!" Un ik leep hin un hool mi orntlich Schokolaad ut de Schöttel rut. Jungedi, dat weer een hardet Stück Arbeit! Aver lohnt hett sik dat. För Schokolaad lohnt sik meist allens.

Een Glück, ik bün Melkbuer

En hett dat nich licht wenn he Melkbuer is. He mutt jeden Dag melken un foddern un misten un instreuen. Jeden Dag, 365 Daag int Johr. He hett veel Arbeit un he kriggt blots wenig Geld dorför. Jedeen weet, wo utverschaamt billig hüüt todags de Melk is. Dorför riet wi Melkbuern uns af, Dag för Dag. Liekers bün ik froh, dat ik Melkbuer bün. Eegentlich mag ik dat ganz gern, wenn ik wat to doon heff. Ik mutt nich wiet to mien Arbeitsplatz fohrn; ik treck de Stebeln an un bün al dor. Opn Weg to de Arbeit heff ik noch nie nich in Stau stahn.

Un ik heff ümmer een Utreden, wenn ik to jichtens wat keen Lust heff. Denn kann ik ümmer seggen: Nee, deit mi leed, dat kann ik nich moken. Keen Tied. Mutt arbeiten. Melken. Foddern. Misten. Instreuen.

Un jedeen glöövt dat. Stimmt ja ok. Ik mutt würkli arbeiten. Aver machmol is dat ok een Utreden. Mutt ik togeven.

Ton Bispeel, wenn ik mit de Kinners nah ehre Football- oder Handballspeele fohrn schall. Denn heff ik keen Tied. Mutt arbeiten. Melken. Foddern. Misten. Instreuen.

Worüm is dat so? De Antwort is eenfach: Ik kann mi dat nich ankieken. Ik heff dat versöcht. Dat geiht nich. Ik hool dat nich ut.

Dat liggt nich an miene Kinner. Dat liggt ok nich an ehren Sport. Dat liggt an de annern Öllern, de man dor övern Weg löppt. Natürli sünd nich alle so. Aver jüst so,

as du in jede Mannschapp een Spinner hest, so is ok bi de Öllern ümmer een Spinner dorbi.
Miene Herren, ik heff för den Rest vun mien Leven noog vun düsse Vadders, de ehre Jungs anbölkt, as weern se in Krieg: „Kevin, hau die Sau doch um! Die muss fliegen, die Sau!“ Un ik heff mi satt hört an Mudders, de ehre Deerns bin Sövenmeter op Handballfeld tokreischt: „Jacqueline, ziel inne Fresse! Mitten inne Fresse! Die zieht den Kopp schon wech!“
Dat is nich to erdregen. Ik heff Vadders sehn, de regen sik so op, dat se bit Bölken anfangen to sabbern. Nah dat Speel wull eener mol den Schiri wat op Muul hauen. He grunz; „Schiri, ich mach dich fertig! Du alte Scheiße! Ich bring dich um!“ Un he leep los.
Weer dor nich een annern Vadder twüschengahn, keene Ahnung, wat passiert weer. Nee, dat is nix för mi. Wenn de Kinner Football oder Handball spelen mööt, mutt ik ümmer arbeiten. Dat is een komischen Tofall, aver ik kann dat nich ännern. Ik bün Melkbuer. Ik heff to doon. Melken. Foddern. Misten. Instreuen.

Intimrasur

Ik harr dat ja al öfter mol höört, aver glöven kunn ik dat nich. Aver nu heff ik dat mit eegene Ogen sehn.
Normalerwies speel ik Football in de Altliga vun TSV Wankendörp. Op uns Trikot is de Werbung vunt Bestattungsünnernehmen. Aver nülichst heff ik dacht, ik mutt mi een beten fit holen, un denn heff ik trainiert mit de tweete Herrenmannschop, alles junge Kerdls vun Anfang Twintig. De weern meist to flink för mi, un de lepen de ganze Tiet, un ik keem mi richti olt för.
Un denn güng dat ant Duschen, un dor heff ik dacht, ik bün nich bi de tweete Herren, nee, ik dach, ik bün bi de D-Jugend. Glöövt dat oder glöövt dat nich, aver ik weer de eenzige, de Hoor an den Bütel harr. De weern alle, aver ok utnahmslos alle intimraseert. Blank as de lütten Butschers, un ik sehg dorgegen ut as een Oop utn Dschungel.
Ik verstah dat nich. Mann, heff ik mi dormols freut, as ik mien eerstet Hoor an Bütel entdeckt harr. Ik heff dat begöschert un pleegt un düngt un as dat mehr weern, dor heff ik mi schöne Rastazöpfe wassen laten, aver ik weer nie nich op den Gedanken komen, mi to raseern. Een Mol möss ik dat wegen eene Operation, un wat hett dat juckt, as dat nahwassen dä! Wat weer dat furchtbar!
Aver nu is dat allens ganz anners. Knapp is dat eerste Hoor dor, warrt dat wegraseert. Ik heff hört, de Jungs mookt dat, dormit de Fink länger un grötter utsüht, aver Birte hett seggt, wat schall dat denn, dat süht so doch al

hässlich noog ut, wokeen will denn noch mehr dorvun sehn? Un recht hett se. Schön is dat ja nich, wat wi Mannslüüd dor twüschen de Been hangen hebbt. Un ik heff mi wunnert un nahdacht un ik kann dat nich begriepen. Wenn man eemol dormit anfungen hett, mutt man dormit ümmer wieder moken, anners juckt un steekt dat doch de ganze Tiet. De jungen Lüd hebbt wohl toveel Tiet, jeden Dag an sik rümraseern. Keen Wunner, dat in uns Land allens den Bach rünnergeiht, un keener deit wat dorgegen. Nee, all sitt se in de Baadstuuv un putzt un raseert sik blank, stünnenlang! Dat kunnen wi uns dormols nich erlauben! Wi Open utn Dschungel...

Höla-Party

Dat eerste Mol, dat ik vun de Höla-Party höört heff, is knapp söventeihn Johren her. Natürli wuss ik, wat de Höla weer – de Höhere Landbuschool – aver dat dat een Höla-Party geev, dat wuss ik nich.
Dormols, vör söventeihn Johren, weer unse eerste Dochter Marie noch ganz frisch. Dat weer een Friedagvörmeddag, un ik weer mit ehr in Kinnerwagen in de Naverschapp ünnerwegens. Wi keemen bi unsen Naverbuern vörbi. De heet Hömm, eegentli Hermann, aver alle seggen Hömm to em, dat weer kötter. Hömm weer jüst so olt as ik un harr in düsse Tiet jüst de Höla in Rendsburg afsolveert. Nu güng ik mit Marie tosamen unsen Weg lang, un Hömm weer ant Siloschnieden. He stunn mit'n Trecker an Silohupen. De Trecker wackel in Hydrauliktakt vun Siloschnieder, un Hömm leeg över dat Lenkrad vun Trecker un wackel jüst so, in Hydrauliktakt vun Siloschnieder. Ik kreeg een Schreck; ik dach, Hömm weer doot. Ik leet den Kinnerwagen stahn un bün nah Hömm hinlopen. Ik reet de Treckerdöör op; de Luft ut den Trecker schlöög mi entgegen, un mit eenmol weer ik besopen. Ik bün mi seker, dat Gasgemisch ut den Trecker – Alkohol, Silo, Schweet un Kohstall – harr man afbrennen kunnt. „Hömm!", reep ik un schüttel em, „Hömm! Wat is los? Alles in Ordnung?" Hömm gnurr un mook de dichtquollen Ogen op. He harr schlopen, un he weer besopen, sünst nix. He keek mi mit möde Ogen an, un denn sä he: „Gessern war Höla-Party in Legan!" Un

he legg den Kopp wedder daal un schleep wieder. Ik torkel trüch nah den Kinnerwagen un dreih mien Runn. As ik trüch keem, stünn de Trecker dor ümmer noch un wackel, un Hömm wackel mit un schleep. So heff ik vun de Existenz vun de Höla-Party to weten kregen. Een paar Johren later weer ik sülven in de Höla in Rendsburg, un nu worr mi eerst klor, wat genau dat weer. Alle veer Wochen, Dunnersdag Avend, för de jungen Buern is dat egol, de mööt neegsten Dag sowieso opstahn, all veer Wochen, Dunnersdag Avend weer Höla-Party in de Margarethenmöhl in Legan. Veranstalter is de jeweilige Höla-Klass, nimmt den Intritt, betahlt dorvun de Musik, un wat över blifft, geiht in de Klassenkass. De Kröger is tofreden mit dat, wat he ümsetten deit, un de Höla-Klassenkass is ant End vun Johr so vull, dat man een schöne Klassenfohrt dorvun moken kann. Oder ok twee.
Sowiet de nüchternen Fakten. Dat is aver ok dat eenzige, wat rund üm de Höla-Party nüchtern is. Harr ik dat nich mit eegene Ogen sehn: Ik harr nich för mögli holen, dat dat sowat gifft. Un ik tööv dorop, dat mol een Soziologiestudent sien Afschlussarbeit över de Höla-Party schrieven deit. Denn de Höla-Party is een eegenständige soziale Levensform.
De Margarethenmöhl so vull, dat kann sik keener vörstellen. Man keem gor nich richti rin. Een groten Saal vull mit junge, ländliche Bevölkerung. Jungs un Deerns, un denn geiht dat af. Angebli koomt de meisten Paare in den ländlichen Ruum rund üm Rendsburg op de Höla-Party tosamen; denn dor is dat so eng, dat een Deern, wenn de wogende Menge ehr to een Kerdl hinspöölt hett, un de beiden staht sik gegenöver, denn kööont se

nich mehr weg. Also köönt se jüst so goot ok tosamen blieven. „Nützt ja nix!“, seggt denn, un zack! sünd se een Paar. De Musik is dorbi tweetrangig. Is sowieso keen Platz to danzen.

Op de Höla-Party in de Margarethenmöhl kannst du ok wat eten, aver blots Pommes un Currywuss un blots in de Kööк, denn woanners is keen Platz to sitten. Un to drinken gifft dat angeblich ok wat ohne Alkohol, aver doch meist Beer un Mischungen, de in Liter-Karaffen utschenkt warrt. Dor gifft dat denn een Glas dorto, un wenn beides lerdig is, warrt dat wegschmetten un vun de Menge twei pedd. Dezimeterhoch is de Footbӧӧn achteran vull mit Glasscherben.

ümmer wedder heff ik mi fragt, wo se dat wohl wedder sauber kriegt. Aver se kriegt dat sauber; ik heff dat mit eegene Ogen sehn. Jichtenswann harr ik mol een Leseoptritt in de Margarethenmöhl, dat weer int Hellen, an Nameddag, ik glööv, dat weer bi de Jahreshauptversammlung vunt Rotkrüütz. Un de Saal weer schier, sauber, mit Vörhänge an de Fenstern un allens, richti gemütli, as een ganz normalen Saal in een ganz normalen Gasthof in een ganz normalet Dörp. Wohrschienli hebbt se för de Höla-Party ümmer eene grote transparente Innenhülle, de in den Saal hangt as een groten Müllsack, un wenn de Party to end is, kümmt een groten Kran, nimmt dat Dack af, de Müllsack warrt boben to bunnen, mit den Kran opn Laster sett, de denn glieks nah de Deponie hin, un weg is de Schiet. Dack wedder ropp, un sauber un glatt un schier is de Saal. So tominst stell ik mi dat vör.

Legan, wo de Margarethenmöhl is, is keen ganz gewöhn-

lichet Dörp. Legan liggt an de Bundesstraat twüschen Rendsburg un Itzehoe, un dat sünd blots een paar Hüüs. Een vun de Hüüs is de Margarethenmöhl, een seriösen Gasthof, un schräg gegenöver gifft dat noch een Etablissement mit een rode Lamp dorvör. Wenn man ut Rendsburg kümmt, denn is eerst rechts de Puff, un hunnert Meter wieder is links de Margarethenmöhl. Eenmol, as Höla-Party weer, hebbt een paar hilfsbereite junge Lüüd merrn in de Nacht een Emmer Farv holt un för de överblebenen eensamen Männer een Zebrastriepen op de Bundesstraat malt – un zwar schräg över de Straat, de köttste Weg vun den Margarethenmöhl nah den Puff hin. Eegentli eene gode, menschenfründliche Idee, aver de Polizei weer nich amüseert, as se neegsten Morgen in de Höla ankeem.
Överhaupt, de neegste Dag. Alle Schöler müssen in Ünnerricht ween, dat weer so een Art Ehrenkodex, aver de meisten hebbt schlopen, regelrecht schlopen. Un se stünken! So as Hömm dormols halfdoot op den Trecker, tosätzlich villich mit een fiene Note vun Sperma in de Büx.
Dormols in de Höla weer ik de öltste – as ik in de Klass keem, reep eener: „Kiek mol, nu koomt se al ton Dootblieven her!“ – ik weer de eenzige, de al Familie harr. Dormols harrn wi dree lütte Kinner; Marie weer veer un de Twillinge twee Johren olt. Dorüm weer ik blots eenmol op Höla-Party.
De Höla-Party gifft dat ümmer noch. Warrt Tied, dat ik dor mol wedder hinfohr, üm nahtokieken, ob dat dor in de Margarethenmöhl ümmer noch datsülvige is. Jo, nah de neegste Höla-Party fohr ik wedder hin, ganz gewiss – natürli eenzig un alleen to Recherchezwecken.

Stringtanga

Dat, wat an de Büstenhollers to veel is, an Stoff, an Polster un an Täuschung, dat is an de Ünnerbüxen to wenig. De sünd so lütt, de sünd ohn Brill, mit blote Ogen, knapp to erkennen. Ik kann mi ja nich vörstellen, dat düsse minilütten Dinger bequem ween schüllt, blots son Stinkeband mang de Kimme, aver ik bün olt un verwirrt un heff sowieso keene Ahnung, seggt mien Döchter.

Nülichst heff ik mol den Trockner utrüümt, dat weern Handdöker, normale Ünnerwäsch vun uns un even düsse Stringtangas vun unse Teeny-Döchter. Rein ut Spoß heff ik een son lüttet Stück Stoff mit Leomuster mol op de Kökenwaag leggt. Groff schätzte 8,5 Gramm weeg dat Ding, wobi de Waschzettel achter binnen alleen bestimmt al söss Gramm harr; denn in achtteihn verscheden Spraken stünn dor op, wo man düsset Nix waschen muss.

Unse Waschmaschien faat 8 Kilo Wäsche. Weer se vull blots mit Stringtangas, denn muss man – heff ik mit Daschenreekner utrekent - 941,176647 Stück dorin stoppen. Wobi de negenhunnerttweeunveertigste, de man noch dorto deit, bestimmt kaputt geiht. Oder se geiht verloren in den Twüschenruum mank Trommel un Gehüüs vun de Waschmaschien.

Negenhunnerteenunveertig Stringtangas – wenn eene Deern jeden Dag eene frische Ünnerbüx antreckt, bruukt se rund twee Johren un söven Monate, üm de Wasch-

maschien vull to kriegen. dor stell man sik mol den groten Hupen Stringtangas vör, nah all düsse Tiet! Un wo lang man bruukt un wo veele Wäscheklammern, bit se all an de Lien hangt!
Ja, so is dat mit de Stringtangas. dor loov ik mi de Ünnerbüxen vun mien Fru. De seht fesch ut, aver dor is wenigstens noch Stoff an; du bruukst keen Angst to hebben, dat se bit Uttrecken kaputt gaht. De sünd tominst ebenso sexy as de Stringtangas vun mien Döchter, un man kann sogor noch een Ünnerhemd rinsteken, ohn dat dat blööd utsüht. Un se weegt dreeunföfftig Gramm dat Stück – ümmerhin dat 6,2-fache vun de Stringtangas! Man bruukt blots 150,94339 dorvun, un de Waschmaschien is vull. Bi een Ünnerbüx pro Dag duert dat jüst fief Monate, un man mutt waschen. Wenn dat keen Vördeel is gegenöver de dorigen Stringtangas...

Schiet, Scheet un Scheiß

Wat ik ant Plattdütsche so gern mag, is, dat dat veele Wöör gifft, de sik ähnelt, de aver nich datsülvige bedüüt. So is dat ton Bispeel mit Schiet, Scheet un Scheiß.
Schiet is dat plattdütsche Wort för „Dünger". Wenn een plattdütschen Buern seggt, he will Schiet seien, denn bedüüt dat nix anners as „Dünger streuen". Ik weet noch genau, wo dat weer, as wi in de Berufsschool de Düngung dörchnohmen hebbt. Herr Fister, unsen plattdütschen Lehrer, keem rin un sä:
„Hüüt schnackt wi övert Schiet seien. Dat wichtigste: Dat gifft verschedene Sorten Schiet: witten Schiet, griesen Schiet un schwatten Schiet. Un ik will ju wat vertellen: Dat is nich datsülvige! Dat is nich egol, wat för'n Schiet de Buer wann op de Koppel seit! Also pass op!" Wi hörten to un marken uns de Ünnerschede vun witten, griesen un schwatten Schiet. De richtigen Nomens för de verschedenen Düngersorten hebbt wi nich lehrt. De weern veel to komplizeert för unse stiernackigen Buernköpp.
Scheet dorgegen is de richtige Scheet, dat, wat bi de Koh achter rutfallt, gern bit Melken, gern mit orntlich Druck, wenn du achter un ünner ehr steihst, in Melkstand, un se hett Dörchfall un Hosten. Wenn se denn noch mitn Steert wackelt, denn sühst du ut, as wenn du richti veele Sommersprossen hest. Un dat is nich allens: Dien Arbeitsklamotten hebbt ok richti veele Sommersprossen. Grote Sommersprossen, in 3D, mit Aroma. Dat is ganz wat Besünneres.

Un denn gifft dat noch Scheiß. Dat is dat Schimpwort. Ik weet gar nich, op dat dat op Platt eegentlich gifft, aver mien Vadder is een richtigen Plattdütschen, un wenn he sik argert, denn seggt he nich: „Schiet!“ oder „Scheet!“, nee, he seggt: „Scheiß!“. Also mutt dat wohl Plattdütsch ween. Un dat kann goot angahn, dat Vadder all düsse dree Wöör in eenen Satz ünnerbringt. To Bispeel, wenn wi ant Melken sünd, un he vertellt mi jüst wat un een Koh fangt an to schieten. Vadder is nämli nich mehr so flink, dat he forts wegkümmt, un denn warrt he licht mol vullscheten. Un denn seggt he villich: „Hest du sehn, Carsten is al bi to Schiet seien, nee, oh, wat is dat denn, nu kiek di dat an, wo de Scheet an mi rünnerlöppt, son Scheiß!“

Titti haam!

Mien Mudder hett mi lang stillt, aver ok nich so lang, as se in uns Dörp vertellt. Dor gifft dat nämlich dat Gerücht, dat mien Mudder in de grote Paus ümmer in de Stolper Grundschool komen is, üm mi de Bost to geven. Dat stimmt aver nich. Nich mol dat stimmt, un manche Lüüd vertellt sogor, Mudder weer noch nah Plön föhrt, üm mi to foddern, as ik al int Gymnasium weer. Aver dat is Quatsch, quatscher as Quatsch.
Mudder weer veel fröher dröög. Wiss, se hett mi noch stillt, dor weer ik al över anderthalv Johr olt. Aver denn möss ik int Krankenhuus, ik harr een Bruch un möss operiert warrn. So keem ik nah Kiel in de Klinik. Mien Öllern hebbt mi dor afgeven, un denn weern se weg un ik dörpte ehr nich mehr sehn. Dormols kunnen de Mudders noch nich mit in de Krankenhüüs. Dat harr sowieso nich gahn, Mudder möss ja melken. So dörpten Mudder un Vadder mi af un to dörch de Spegelschiev ankieken, ob ik noch ant Leven weer, aver ik dörpte se nich sehn, sünst harr ik ja dat Blarren anfungen un harr womöglich nich wedder opholen.
Ik kann mi dor nich op besinnen, aver dat weern wohl de schlimmsten Daag in mien Leven. Mit een Mol weern mien Öllern weg, un ik wüss nich, worüm. Un ik kreeg keen Muddermelk mehr. Eens kann ik ju vertellen: Dat weer een ganz kolen Entzuch. De Krankenschwestern wulln mi foddern, aver ik lang blots ümmer nah ehre Bosten hin un blarr: „Titti haam! Titti haam!“ Ik kann

dor nix vör, so hett dat nu mol in unse Familie heten. Un de Krankenschwestern kunnen oder wullen mi nix geven. Ik weer meist verhungert.
Un as mien Öllern nah dree Weken endlich keemen, üm mi aftoholen, dor heff ik mi erst so dull an Mudder klammert, dat se mi nich mol antrecken kunn. Un denn entsinn ik mi an ehre Bost, un ik pack dat Ding ut un dock mi an un fang an to sugen – aver dor weer nix mehr bin. Mudder weer dröög, un ik möss anfangen to eten. Dat heff ik denn ok doon, wo man sehn kann. Widerwillig twars toerst, aver ik harr ja keen annere Wahl.
Weer ik dormols nich int Krankenhuus komen – wokeen weet, villich harr Mudder mi hüüt ümmer noch stillt...

De plattdütsche Koh

Eenmol int Johr warrt dat bi uns op den Hof för een poor Weken richtig anstrengend. Dat is de Tiet, wenn de Starken kalvt. De kalvt nämli ümmer tosamen.

Dat is ümmer so: Dor is een Koppel mit Starken, un wi laat den Tuchtbullen dorto. Oder de Starken koomt glieks mit den Bullen tosamen op de Koppel. Un, dat kann ik ju vertellen, de arme Kerdl hett denn richti wat to doon. Manch een Bull warrt moger un leeg utsehn dorbi, aver he kriggt ehr all drachtig. Dat is so, as mien Vadder ümmer seggt: „Jungbullen un Jungbuern kriegt allens drachtig!“ Un negen Moond un teihn Daag later geiht dat Kalven los, een nah den annern, dat flutscht blots so.

Ganz egol, wo veele Starken dor op de Koppel weern: se kalvt all innerhalv vun veerteihn Daag. Un wi mööt bit Kalven hölpen, Kalver foddern un Starken anmelken. Dat is dat leegste dorbi. Starken anmelken. Manche wüllt sik dat nich gefallen laten un bölkt un zappelt haut un pedd. Denn dörfst du as Melker nich bang ween, un du bruukst Knööv, Geduld un machmol ok een Schlagbögel, dormit de Koh di nich pedden kann.

Aver düt Fröhjohr, dor harrn wi eene Stark, de heet „Idylle“, bi de nütz dat all nix. Se wull sik eenfach nich ant Melken gewöhnen. Dor hölpte keene Zärtlichkeit, keen Verständnis, keen Geduld, keen Goot-Toschnacken. Se pedd un pedd un pedd. Un wenn se een Schlagbögel üm harr, denn weer allens to laat. Se hüpp denn mit all veer Been so lang as dull in de Melkstand op de Stell, bit entweder de Schlagbögel rünner full oder jichtenswat anners twei güng. Ik weer ratlos, un ik heff al doran dacht, Idylle an den Schlachter to verköpen. Un as ik ehr denn nochmol melken wull un se pedd glieks wedder op mi los, dor heff ik de Geduld verloren un heff ehr anbrüllt, op Platt: „Höltst du wohl op! Ik hau di doot!" Un süh, dat hett se verstahn, un se stünn un leet sik melken.

So güng dat denn över Weken. Idylle keem nah den Melkstand rin, un vör ik ehr anlangen dä, brüll ik een Mol: „Hol still! Oder ik hau di doot!" Un se stünn. Jichtenswann harr se sik denn ant Melken gewöhnt, un ik kunn mit dat Bölken opholen. Aver eens weet ik nu: Bevör ik een Koh nah den Schlachter schick, wiel se bockig is, versöök ik erst, op Platt mit ehr to schnacken. Villich versteiht se mi nich, wenn ik Hochdütsch mit ehr schnack. Un wenn eener blots Plattdütsch kann, Minsch oder Koh, dat is ja wohl keen Grund, em oder ehr glieks an Schlachter to verköpen, oder?

Optellen

Eene Fork
de goot in de Hannen liggt
un meist vun alleen arbeit

een Fründ
den ik un de mi
hölpen kann
in jedwede Hinsicht

een Morgen
de so frisch is
dat he di mit sik mit ritt
ok wenn dien Ogen
noch so lütt sünd

een Regen
de de Luft afköhlt
wenn dat so hitt weer
dat du schweten wörst
bit Nixdoon

nix doon
jo
ok mol nix doon
un sik nich mol schlecht föhlen dorbi

een Melkkunde
de Lust un Tiet

to klönen hett
mank Döör un Angel

een Veehhändler
de fair un ehrlich is
di nich övert Ohr haut

dat gifft dat nich
aver een warrt ja
noch drömen dörpen

een Kind
dat Fragen stellt
de Welt begriepen will
un liekers nich
op den Wecker fallt

een Arbeitsdag
bin Naver
wenn ik för em dor ween kann
un ik weet
wenn ik em bruuk
klappt dat ok anners rüm

een Oltbuer
so as mien Vadder
de nah dat Drillen
an Feldrand steiht

den Hoot afnimmt
sik för de Bost höllt

un een olet Gedicht op Platt murmelt
üm unse Arbeit to segnen

een Zärtlichkeit
eenfach so
an helllichten Dag
dat wi in de Betten hüppen wüllt

een Leven even
een vun söss
söven oder bald acht Milliarden
aver dat eenzige
dat mi gehört

wo riek ik bün
sünd anner Lüüd ok rieker

mi reckt dat

De Pandbuddelschreck vun Stolpe

Mien Mudder föhrt noch düchtich Auto. Op de Bundesstraat meist to langsam, int Dörp meist een beten to flink. Wiel se ümmer son grasgrönet Auto harr, hett se bit letztet Johr bi veele Lüüd blots „De gröne Blitz vun Stolpe“ heten. Aver denn hebbt se bi Carsten op Dack eene Photovoltaikanlaag buut, un dor möss se int Vörbiföhren ja mol een beten kieken. Carsten sien Hof liggt aver in eene Kurv, un dor keem Meister Johannsen mit sien Pritschenwagen üm de Eck. Wat schall ik seggen – de Pritsch weer härter as de gröne Blitz. Mudder steeg eerstmol ut un fragte Meister Johannsen: „Wat mookt de dor bi Carsten op Dack?“ Dat ehr Auto kaputt weer, keem ehr dor noch recht tweetrangig vör. In de Week dornah möss ik mit Vadder los, een anner Auto köpen. Sietdem is Mudder de silberne Blitz.

Aver blots int Dörp. Op de Bundesstraat is se de silberne Schneck. Dor föhrt se nämlich ümmer recht sinnig, dormit se vunt Auto ut kieken kann, ob dor een Pandbuddel in Stratengraven liggt. Denn pedd se op de Brems, rechts ran, utstiegen, Pandbuddel opsammeln, un wedder wat verdeent! Dor hett sik al manch een normalen Autofohrer orntlich verjaagt, wenn he achter Mudder ünnerwegens weer.

Pandbuddeln, dat is sone Ort Hobby vun Mudder. Oh, se kann recht füünsch warrn, wenn ehr mol een Buddel afhannen kümmt. Se gifft gern een ut, un ok de Handwerkers, wenn se mol welk dor hett, dörpt gern

Beer drinken, aver de Buddel mit rut nehmen un nich wedder bringen, dat mag Mudder gar nich. Son lerdigen Kasten Beer, un denn fehlt dor een poor Buddeln, dat geiht nich. „Wo süht dat ut, wenn dor so Löcker in Kasten sünd? Dat mag ik nich lieden! Dor schoom ik mi ja, wenn ik de nah den Automaten hinbringen schall!“, seggt Mudder denn. Un wenn se den Handwerker dat nächste Mol dröppt, denn quakt se em an: „Ik krieg noch een lerdige Buddel Beer vun di!“

Tja, so hett jedeen siene Macken. Mudder hett eene Pandbuddelmacke. Un, wo dat machmol so ist, de Appel fallt nich wiet vun Stamm. Mit Mudder ehr Pandbuddelsammeln an de Bundesstraat, dat hett toletzt böös nahlaten. Mudder is 76 Johren olt, dat Ut-Auto-rut-in-Graven-rin-Buddel-opsammeln-un-wedder-trüch-int-Auto fallt ehr ümmer schworer, un se lett dat nah. So kümmt dat, dat sik in Graven an de Bundesstraat nu al een orntliche Menge Pandbuddels ansammelt hebbt. Un, weet ji wat, ik bün nülichs tatsächlich anholen un heff Buddeln sammelt. Een Euro, 14 Cent. Dat heff ik Mudder glieks vertellt, un se weer een beten stolt op mi. Se heel den Finger hoch un sä: „Ja, so is dat: Wer den Penning nich ehrt, is de Mark nich wert!“

Machmol denk ik nu aver, Mudder fehlt de Erfolgserlebnisse vunt Pandbuddelsöken un –finnen son beten. Machmol warrt se son beten gnatterig. Villich hangt dat dormit tosamen, dat se blots noch selten mol eene herrenlose Pandbuddel find. Aver ik weet, wodenni ik ehr hölpen kann. In August warr ik mit ehr an den letzten Dag vunt Festival nah Wacken föhren, Pandbuddeln sammeln. Ik bün mi seker: För Mudder is dat dat Paradies.

Lever he as ik

Mien Tuchtbull un ik, wi weern eegentlich gode Frünn. He hett Anke heten. Traditionell heet unse Tuchtbullen ümmer so as de Buer, vun den se koomt, un Anke keem vun eene Bäuerin. He weer een Spinner, aver he weer nich aggressiv. He sprüng lustig ümher un bölkte blöd rüm, aver insgesamt weer he een normalen goden Kerdl mit dicke Klüten. Ik kunn em sogor in Arm nehmen un övern Kopp striekeln.

Natürlich weet man as Buer, dat een Tuchtbull gefährlich ween kann, aver de schworen Unfälle, de hebbt ümmer anner Lüüd, de hett man nich sülven. Un so bün ik nülichs to Anke in de Box stegen, denn de Tränke weer twei un leck munter vör sik hin. Sven, mien Lehrling, stünn buten an dat Boxengitter, mit een Knüppel in de Hand, un schull Anke vun mi weg holen, un ik schruvte an de Tränke rüm. Sven un ik schnackten un passen wohl nich besünners op, un mit een Mol kümmt Anke vun achtern un drück mi in de Eck. Ik dreih mi üm un hau em op de Ogen un bölk em an, aver dat güng em an Mors vorbi. As weer ik sien Schüerpohl, so rakerte he mit sien Kopp an mien Körper op un daal, op un daal. Sven hau den Knüppel op em twei; dat weer Anke egol. He möök eenfach wieder. En Ogenblick later leeg ik opn Rüüch in Mist, un Anke schööv mi mit sien Kopp dörch de Box. Ik harr Todesangst, un ik bölkte Sven to: „Die Forke, Sven, die Forke!“, un he leep un hool de Fork un steek se Anke in Mors. Anke kreeg een Schreck un dreih

sik üm un keek nah Sven hin, un ik sprüng op un kladder över dat Boxengitter. Dor weer Anke al wedder achter mi, un mit vulle Wucht leep he gegen dat Gitter, wo ik jüst noch west weer.
Vull mit Schiet un ganz un gar ut de Pust stünn ik nu op den Futtergang. Ik bün noch mol dorvun komen; ik weer noch ant Leven. Mien Lehrling hett mi rett. Ik brüll Anke an: „Du Sau, du Sau, das hast du dir ganz anders gedacht, wa? Du wirst schon sehen, was du davon hast!"
Een poor Daag later heff ik Anke an Schlachter verköfft. As he opn Laster weer un dat Gitter to, dor heff ik mi richti freut. Ik heff wunnen. Nu hangt he an Haken. Ik leev, un he is doot. Lever he as ik.
As de nächste Koh bullen dä, heff ik Gerlinde anropen, de Besamungstechnikerin. Se wunner sik een beten. „Oh, Matthias, welch seltener Anrufer! Du hast doch sonst immer einen Zuchtbullen! Hast du gar keinen Bullen mehr?", fragte se mi, un ik vertell ehr de ganze Geschicht. Dor sä se: „Matthias, versprochen: Ich tu dir nichts." Dor weer ik beruhigt un heff erstmol bi Gerlinde Sperma bestellt.

De Afdanzball

As jungen Kerdl wull ik nie nich eenen Danzkurs moken. Ik funn dat Jichtenswie unnatürlich, sik bit Danzen antofaten. Veel lever mag ik dat, eenfach blots so rümtozappeln, un Gesellschaftsdanz, Walzer oder sogor Discofox, dat weer Landjugend, dat weer spießig, dat weer vun güstern. Ik harr sogor ideologische Bedenken dorgegen, un ik wull dor nix mit to doon hebben. Nich toletzt ok wegen düsse gräsigen hochnäsigen „Seht-alle-her-was-fürn-toller-Typ-ich-bin"-Gesichtsfigatzen, mit de de goden Dänzers ümmer op de Danzfläche ünnerwegens weren. Un dat leegste weer: Se harrn Schlag bi de Deerns. Düsse danzenden Lackopen weern nie nich alleen. Ik funn dat schlimm. Ik weer veel beter, un ik weer alleen. Weer dat gerecht?

Nu, hüüt, is dat aver allens ganz anders. Ik heff jichtenswann doch noch een wunnerbore Fru funnen, ok ohn Danzen mit Anfaten un Blöd-ut-de-Wäsche-kieken, wi sünd twintig Johren verheirat un hebbt fief Kinner. De sünd nu deelwies in dat Öller, dat se Danzkurse mookt. Un wenn de Kinner Danzkurs mookt, denn hebbt se jichtenswann ok Afdanzball. As unseölltste Dochter Afdanzball harr, dor meen Birte, wi beiden mössen mit; dat gehöör sik so, dat de Öllern mitkoomt, un ik as Vadder möss mit miene Dochter danzen, tominst een Danz möss ik mit ehr moken.

So sünd wi denn also ton Afdanzball föhrt, Birte, Marie un ik. Wi seten mit een bekanntet Paar an Disch, un denn

güng dat Danzen los. All de jungen Lüüd in all ehr picklige Pracht stolpern so staksig un stief över de Danzfläche, un denn leep dor noch de Danzlehrerin rüm, een recht stabile Person, un mit een lude, kreischige Stimm, de dat gewohnt is, jede Musik to övertönen, bölk se ehre Kommandos dörch den Saal, leep achter de danzenden Paare achterran un trock twüschendörch an ehre Arms un Been, wenn se meen, de Haltung weer nich richtig. As ik düsse Danzdomina sehn heff, harr ik al noog vun düssen Avend, aver dat weer erst de Anfang. Denn föhrten de Jungs un Deerns ehre jüst erlernten Dänze vör – vör miene Ogen sehg dat all liek ut – un denn rööp de Danzdomina, dat dat nu sowiet weer, dat nu all de Vadders mit ehr Döchter danzen mössen, un widerwillig güng ik nah Marie hin un versöök to lächeln. Wi harrn dat nich öövt, aver ik harr Marie versproken, to versöken, ehr nich op de Fööt to pedden. Un so wackelten wi ungelenk över de Danzfläche, un ik harr de Hoffnung, dat ik nu glieks dormit lang weer, dor güng de Musik ut, un dat Morslock vun DJ rööp in sien Micro: „Meine sehr verehrten Damen und Herren, es ist Zeit für ein lustiges Tanzspiel! Die Damen in den Innenkreis, die Herren in den Außenkreis, und dann gegenläufig immer im Kreis herum! Und wenn die Musik stoppt, dann tanzen Sie mit Ihrem Gegenüber, bis zum nächsten Stopp, dann geht es wieder in den Kreis, und so weiter, und so fort! Los geht's! Und nicht vergessen: Immer gute Laune, mit Tanzmusik von DJ Braune!"
Ik keek em an, düssen Misthund. Ik harr em schlachten kunnt, ohn Messer, mit blote Hannen, ik hasste em. Aver ik möss mi nu dreihen, in den Butenkreis. De Musik

güng ut, un dor stünn son ganz lütte, ganz zarte, ganz fiene Deern vör mi. Ik faat ehr an un sä: „Tut mir leid, ich wurde gezwungen, an diesem Tanz teil zu nehmen. Ich kann überhaupt nicht tanzen, und ich wiege ungefähr zweihundertfünfzig Kilo, aber ich werde alles tun, um Ihnen nicht auf die Füße zu treten!“ Un wi stakeln los, unfallfrie, bit de Musik wedder utgüng. Binnenkreis, Butenkreis, dat sülvige Speel nochmol. Un nochmol. Un nochmol. Un so wieder, un so fort. Eene Deern sä: „Oh, sind Sie nicht der Autor von „Verliebt Trecker fahren“?“, un ehre Teehnspang blinker int Licht. Ik anter: „Ja, der bin ich.“ Se freu sik: „Oh, Mensch, das is ja cool! Ich tanz mit einem Promi!“ Ik gnurr: „Ich bin kein Promi. Und das, was wir hier machen, ist auch kein Tanzen. Und an Ihrer Stelle würde ich auf meine Füße aufpassen. Sonst können Sie nachher im Krankenhaus sagen: Den Trümmerbruch hab ich von dem Autor von „Verliebt Trecker fahren“! Das gibt dann ein großes Hallo!“ Un wieder güng dat Gehoppel. Dor weer dat End vun weg. Geföhlte twee Stünnen later weer dat lustige Danzspeel endlich vörbi. Ohn Verletzungen. All de Deerns, mit de ik danzt heff, kunnen noch lopen. Un ok ik weer unverletzt. Jedenfalls körperlich. Aver seelisch weer ik een Wrack, dat kann ik ju vertellen.

Dat dat mol klor is: Ik heff för den Rest vun mien Leven noog vun Danzkurse, Danzlehrerdominas un Afdanzbälle. Un vör allem vun lustige Danzspeele. Aver wat deit man nich all för sien Kinner.

Maximal veer Afdanzbälle töövt noch op mi. Wat schall ik seggen: Üm glücklich ween to könen, musst du ok mol den Scheiß mitmoken. Weer ümmer allens supi,

denn gewöhnst di doran un markst gar nich mehr, wo supi allens is.
De Afdanzball, dat weer de Vörhölle. Ik bün dor wedder rutkomen. Un wo schön is dat hier ganz normal op de Eer. Ik kann mi dor nu richtig an freun.

De Resteschwien

Wi hebbt keen Tünn för den Biomüll. Düsse Tünn is bi uns in Kreis bruun, un se warrt all twee Weken afhoolt. Aver toerst, as de Kinner noch lütt weern, heff ik meist ehre Reste opeten, wiel ik in den Globen groot worrn bün, dat dat Weder schlecht warrt, wenn de Teller nich lerdig is. Also heff ik de Tellers lerdig eten un bün langsam dick worrn, bit dat unse öltste Dochter Besöök harr un ehre Fründin hett ehr fragt, wo de bruune Tünn is, un Marie anter ganz in Ernst: „Papa ist unsere braune Tonne."

Dor hebbt wi beschloten, Schwien antoschaffen, üm se mit unsen Kökenaffall to fuddern. Ik wull ja geern een, twee richtige Mastschwien hebben, de man groot moken, schlachten un sik in de Truhe packen kann, aver de Restfamilie wull dree Minischwien hebben mit levenslanget Openhaltsrecht op unsen Hof, to nix to bruken un noch nich mol sööt antokieken. Teihn Johren is dat her, dat wi unse Schwien afhoolt hebbt, dree Geschwister; twee Sögen: Rosa un Miss Piggy, un een Borg, dat is een kastrierten Eber: Gris. Se kregen een lütt Stück vun de Peerdkoppel mit eene grote Hunnenhütt dorop, un dor leevt se nu al so lang.

Teihn Johren. So oolt warrt eegentlich keen Schwien. Un se sünd ok blots noch twee, denn Rosa is een goden Dag doot bleven. Se harr eenfach keen Lust mehr, hett sik hinleggt un storv. Also bleven noch Miss Piggy un Gris. Se kriggt all de Affälle ut de Kööк, un wenn ik de

Huusdöör open mook, denn koomt se ut ehr Huus un kiekt mi ümmer so jankerig an, wiel ik meist wat för ehr dorbi heff.

Ik weet ja nich, of ik dat al mol vertellt heff, aver dat fallt mi richtig schwor, wat weg to schmieten. Nülichs heff ik mi mol dörchrungen, unser ganz olet Köhlschapp to entsorgen, dat stünn siet Urtieden in de Waschkoomer, weer ümmer noch anschloten, aver rinkeken hett dor al siet Johren keener mehr. As ik dat nu verschrotten wull, heff ik dor binnen noch een poor richtige Schätze funnen. Boddermelk, de weer siet fief Johren aflopen, Almkääs, de stünk as de Grusel mank de Teehn vun de Fööt vun ole Fruuns, eene ole Salami, so hart un dröög, dor kunnst Lüüd mit doot haun. Hebbt allens de Schwien kregen, un de hebbt sik freut.

Un denn weern dor in Köhlschapp noch twee halve Buddeln Schnaps. Engelschen Sahnelikör un jichtenswat Fruchtiget, Plum oder so. Dor heff ik dacht, de Schwien schüllt ok nich leven as de Hunnen, un ik heff ehr dat hinkippt, de Sahnelikör för Miss Piggy, de Plum för Gris. Se hebbt allens utsopen. Hett ehr düchtig schmeckt. Dat weer an fröhen Vörmiddag.

As ik nahmiddags de Schwien mit de Reste vunt Middageten fuddern wull, dor legen se in ehre Hütt un schlepen. Ik heff ehr ropen. Se kemen langsam ut ehre Hütt un taumeln nah de Krüff, schnuppern eenmol an dat Eten un taumeln trüch in de Hütt. Dor heff ik mi Sorgen mookt. Schwien, de nich freten wüllt, dat gifft dat ja gor nich. Un ik heff Birte vertellt, wat ik an Vörmiddag mookt harr. Oha, ik heff een Gang kregen, dat kann ik ju vertellen. Birte sä: „Tias, wenn die das nich überstehen,

das nehm ich dir echt übel!“ Un ik harr würklich Angst üm mien Schwien. Al üm mi sülven willen.
Een Dag, eene Nacht un een halven Dag hebbt se schlopen, denn weern se wedder op de Been. Dor weer ik würklich erleichtert. De Schwien sünd dörch komen, un ik ok. Aver wenn ik nu de Huusdöör open mook un will de Schwien de Reste bringen, denn koomt se veel flinker ut ehre Hütt schoten un kiekt mi so veel jankeriger an as fröher. Keene Ahnung, worüm.

Mien Klassenlehrer

Dat weer letzten Winter, een Sünnavendvörmiddag. Ik harr een Optritt bi de Plöner Landfruun; ik schull een beten wat vertellen nah dat Landfruunfröhstück. Dornah heff ik noch een poor Böker verköfft un signiert, un as ik denn ut den Sool in de Gaststuuv keem, dor seet he dor: Herr Kowallik, Manner Kowallik, mien Klassenlehrer in de neegte un teihnte Klass, in Plön op Gymnasium. He weer mit sien Fru, sien Söhn un twee Enkelkinner dor. Se wullen dor in Krog Middag eten.
Ik heff em sofort kennt, un he kenn mi sofort. He weer mien Klassenlehrer, as ik för een Kasten Beer friewillig een Söss in Französisch schreven harr. He weer mit mi int Krankenhus in Kirchberg in Tirol, as ik op de Skifohrt vun de Pist afkomen weer un mi dat Knee pulveriseert harr. He weer mien Engelschlehrer, as ik mi in de neegte Klass merrn in de Engelschklausur meld heff, de ik vörher in Rekordtempo trecht schreven harr, un as he mi ankeek, sä ik: „Darf ich mal aufs Klo? Ich hab Durchfall?“. He nick, un ik leep los, vun den Klassenruum in tweeten Stock daal int Souterrain nah‘t Jungsklo, aver op de letzte Trepp heff ik mi in de Büx scheten. As ik denn naher nochmol kort in de Klass weer, üm mien Ranzen to holen, dreih de lange Dirk Jensen sik üm un fröög: „Na, Hose braun?“ Ok in de Arbeit harr ik eene Een, ik weer een goden Schöler, aver ik harr lever een Fief hatt un mi nich in de Büx scheten, aver manche Saken kannst di nich utsöken.

As he mi klook kregen harr, stünn he op un keem op mi to. He weer öller, jo, siet teihn Johren in Pension, weniger Hoor op den Kopp, aver he harr ümmer noch düsse charakteristische Ünnerlipp, de mit een spöttischen Utdruck so een beten scheef rünner hüng. Wi schnackten een beten, un he vertell, dat he een vun miene Leser weer. Besünners de plattdütschen Texte harrn em dat andoon. „Matthias, die Geschichten auf Platt – wirklich, ein Hochgenuss!"

As he dat seggt harr, dor heff ik mi bannig freut. Un as ik in sien Gesicht keek, heff ik sehn, dat he een beten stolt op mi weer. He hett mi dormols wat bi bröcht, in de School, un hüüt, meist dörtig Johren later, kann ik em een beten wat trüch geven, mit mien Geschichten. Un mi full dat dor nich in, aver an leevsten harr ik em seggt: „Süh, Herr Kowallik, dat is nich allens umsünst west, all de Johren de Plackerie mit frömde Gören. Machmol dücht een dat so, aver: Nich allens is umsünst!"

De LAN-Party-Killer

Nülichs weer Birte över't Wekenend weg, un ok ik wull eegentlich vun Sünnavend op Sünndag in Berlin ween. Also hett unsen öltsten Söhn Peer dacht: „Oha, sturmfreie Bude!" un he hett inlaadt to siene bither gröttste LAN-Party.

Wokeen dat nich weet: LAN-Parties mookt in de Regel junge Kerdls twüschen föffteihn un twintig. All bringt se ehre Computers mit; de warrt all miteenanner vernetzt, un denn speelt se de ganze Nacht tosamen sogenannte „Strategiespiele". Dat Geballer in düsse Speele is also rein strategisch.

Peer hett also dörteihn annere Jungs inlaadt. LAN-Party in unse Köök. De passen gar nich all rin, ofschoonst wi eene grote Köök hebbt. Acht Jungs seten an den Eetdisch, dree an de Arbeitsplatt un dree an een Beergoorndisch in Flur nevenan. Un ik bün doch noch nah Hus komen över Nacht; dat weer mi sekerer. Ik harr kortfristig för den Ovend noch een Optritt in Schleswig-Holstein rinkregen.

As ik avends wegföhrt bün, dor seten all veerteihn Jungs mit starren Blick vör ehre Monitore un weern ant Spelen. As ik Middernacht nah Hus keem, dor seten all veerteihn Jungs mit starren Blick vör ehre Monitore un weern ant Spelen. As ik nächsten Morgen wedder opstahn bün, dor seten all veerteihn Jungs mit starren Blick vör ehre Monitore un weern ant Spelen.

Dor harr sik nich veel verännert. Dat weer hitt in de

Köök wegen de Hitten vun de Computers. De Luft weer schlecht; dat stünk nah Jungmannschweet un nah Jungmannpups. Överall legen lerdige Energydrink-Dosen, Chipstüten un Pizzaschachteln rüm. Un ik heff dat schafft, mi in een poor Sekunden mit een Mol bi veerteihn junge Kerdls to een Hassobjekt to moken.

Wenn ik opstah, is nämlich ümmer dat erste, wat ik mook: Ik kook een Kann Kaffee. Un de dusendfiefhunnert Watt vun den Waterkooker weern eenfach toveel för unse Stromleitung, un nah een poor Sekunden flöög de Sekerung rut, un all de Monitore weern mit een Mol schwatt. Ik kunn nich anners, ik müss lachen, un veerteihn junge Kerdls wullen mi dootscheiten mit ehre Joysticks, aver de Computers weern ut, erledigt vun mi, den LAN-Party-Killer.

Wenigstens harrn de Jungs nu een Grund, int Bett to gahn. Insgeheim weern se mi dankbar, glööv ik. Dat harrn se aver nie nich togeven.

Melken mit Mudder

Bit vör twee Johren heff ik morgens ümmer mit mien Vadder tosamen molken, aver mit een Mol weer dat vörbi. Vadder is krank worrn. Sien schietige Melkmützen hangt noch an ehren Hoken vör den Melkstand, aver Vadder warrt ehr nich mehr opsetten, soveel is klor.
Siet Vadder krank is, melk ik morgens ümmer mit Mudder. Mudder is 77 Johren olt, un bevör se nu wedder anfungen hett, harr se rund dree Johren nich molken. Aver denn keem se mit Mol wedder in Melkstand, morgens, blots morgens. Dat weer schön.
Nu melkt wi jeden Morgen tosamen, Mudder un ik. Un ik bün dankbar för jeden Dag, den dat so wieder geiht. Nich, wiel Mudder een billige Arbeitskraft is. Dat is se ok, aver vör allens is se mien Mudder. Dat kannst di nich utsöken, dor kannst nix an doon.
Mudder un ik, wi mookt uns dat schön in Melkstand. So schön, as dat even geiht. Toerst gifft dat een Beker Kaffee vör jeden, un denn hebbt wi ümmer Tiet, een beten to schnacken, över Gott un de Welt, över allens, wat uns in Sinn kümmt. Ik harr noch nie in mien Leven so een godet Verhältnis mit Mudder as nu, wo wi ümmer tosamen melkt. Wi hebbt uns een godet Stück aneenanner ran molken. Se vertellt vun fröher, un ik vertell vun hüüt. Wi dropt uns in de Mitt.
Un denn neckt wi uns. Mudder mutt an allens ümmer son beten rümmeckern; deswegen kümmt se ümmer mit de Lehrlinge schlecht klor. Se is een Meckerpott. Aver

wenn se meckert, geiht ehr dat goot, un wenn se Contra kriggt, denn is dat genau richtig. Also meckert se, un ik geev ehr Contra.

Nie is ehr dat in Melkstand sauber noog, un wenn mol een Koh schieten deit, is dat ümmer miene Schuld. Un ik segg, Mudder hett Schuld, wiel de Köh Angst hebbt, in Melkstand to komen, wenn dor de ganze Tiet son Gnatzpickel rümschimpen deit. Un denn seggt Mudder: „Dat is keen Schimpen, dat is blots de Wohrheit! Wenn ik schimp, dat hört sik ganz anners an! Denn warrst du aver Angst kriegen!" „Och, du ole Quarkbütel!", segg ik denn, un dat geiht hin und her, dat mookt richtig Spoß.

Nülichs aver, dor hett Mudder mi löövt. Ik wüss erst gor nich, wat los weer, so ungewöhnlich weer dat. Ik harr jichtenswat richtig mookt, un Mudder hett tatsächlich seggt: „Mien Jung, du büst hüüt jo een richtig fixen Dutt! Wenn du so wieder mookst, dann warrst du bald ton Hupen befördert!"

Ach Mudder. Mien ole, lütte, krumme Mudder. Ümmer krummer warrt se, aver se is toog as een drögen Schinken. Dat weer nich ümmer so as hüüt, aver ik heff ehr leev, mit all ehr Macken, un dorvun hett se een poor, jüst so as ik, jüst so as alle. All sünd wi anners, un all sünd wi gliek. Wi hebbt all een an de Waffel, un dat nich to knapp.

Hoffentlich köönt wi noch lang tosamen melken, de Quarkbütel un ik, de fixe Dutt, de Hupen in spe.

Oma plückt Maiglöckchen

Weer Oma noch an't Leven, se weer hüüt 104 Johren olt. Geboren weer se in Oktober 1907, storven is se in Februar 1993, rund dree Monaat nah ehren 85. Geburtsdag. Den harr se noch groot fiert, in Dörpskrog geev dat Middag un Kaffee un Koken för achtig Lüüd. As se korte Tiet later marken dä, dat dat mit ehr to End güng, hett se seggt: „Dat schall nah de Beerdigung aver nich to Krog gahn! De Lüüd hebbt vun mi jüst erst wat to Eeten kregen! De sünd ja noch satt vun't letzte Mol!" As Oma denn doot weer, güng dat doch to Krog. De Botterkoken bi Gustav is eenfach to lecker, un ok wenn ik dat fröher hasst heff: Intwüschen find ik, de Dodenkaffee is eene schöne Tradition.
Ik heff 1986 Führerschien mookt, un bestimmt heff ik Oma öfter mol mit Auto föhrt, aver entsinnen kann ik mi blots op twee Autotouren mit Oma. Dat weer villich 1989 oder 1990, in't Fröhjohr. Oma – se hett Anna heten – wull ehr öllere Schwester besöken, Minna, geboren 1905. De wohnte ümmer noch dor, wo se un Oma ok geboren weern. Also hett Oma sik in mien roden Golf rinsett, un wi sünd losföhrt. Twüschendörch sä Oma ümmer „Hach hach!" oder „Hach ja!" un höll sik an den Griff över de Bifahrerdöör fast, un denn weern wi dor, bi Tante Minna. Dor geev dat Kaffee un Koken, wi schnacken noch een beten, Tante Minna, dat weet ik noch genau, weer noch lütter as Oma un harr noch mehr

Gassi gahn

Ik weet ja nich, worüm so veele Lüüd Köters hebbt. Worüm doot se sik dat an?
Ik meen, is ja an un för sik recht schön un goot, son Köter, dien besten Fründ, un wenn du nah Huus kümmst, denn freut sik wenigstens eener, aver man mutt ok mol över dat Opfer nahdenken. Du musst vör de Döör un mit dien Köter Gassi gahn, bi jedet Schietwedder. Dat is ja eegentlich keen Problem, de frische Luft is gesund, un so kümmst du wenigstens mol rut, un dat is ja nich verkehrt, aver denn kümmt de entscheidende Situation: Dien Köter mutt kacken.
Ji köönt mi dat glöven: Dat gifft nix op de ganze Welt, wat so unglaublich blööd utsüht as een Köter bit Schieten. Dor huukt he an de Böschung, quält un krümmt sik tosamen un zittert vör Anstrengung, aver dat Schlimmste is düsse Blick. Düsse demödige, ünnerwürfige Blick, de seggt: „Entschuldigung! Ich kann nichts dafür! Ich bin nur eine arme Sau! Schlag mich nicht! Entschuldigung!“ Wenn ik mit unse Köters loop un se kackt un kiekt so, oh, ik much ehr verjackeln, dat kann ik ju vertellen. Wokeen so kiekt, de will dat nich anners, de hett dat nich beter verdeent, de will schlecht behandelt warrn, un ik mutt mi richtig trüch holen un annerswo hinkieken, sonst flipp ik ut.
Ik meen, ik mag de Köters ja gern, se meckert nich rüm un se köönt so schön mitleidig kieken, wenn mi dat schlecht geiht, aver worüm köönt se nich so schieten as

mien Kööh? De loopt eenfach dörch den Stall oder op de Weid rüm un laat dat achter rut platschen. De schoomt sik nich; de markt dor gar nix vun. Dat nenn ik souverän, dat nenn ik sülvstbewusst.

Also för mi is dat klor: Wenn ik mol an de frische Luft will, spazieren lopen, denn laat ik vun nu an de Köters tohuus. Dat schont miene Nerven. Dorför nehm ik mien Köh mit to Gassi gahn. De Navers warrt schön kieken, aver dat is mi egol. Schietegol. Kohschietegol.

Internetbanking

Jichtenswann, dat is al een poor Johren her, dor schnack mi de hübsche Fru in miene Bank an, of ik al mol doröver nahdacht harr, miene Banköverwiesungen ganz bequem und kommodig övert Internet to moken, denn müss ik nich so oft nah de Bank hinföhren. Mmh, heff ik dacht, de Lüüd in de Bank find wohl, dat ik to oft dor bün, de möögt mi wohl nich mehr lieden. Also heff ik seggt, ik kunn dat ja mol utprobieren.

Toerst, dor weer dat so, dor heff ik as Kunde ut de Bank son Blatt Papier mit Transaktionsnummern mitkregen, de müss ik as Geheimnummern för de Överwiesung intippen. Dat weer würklich bequem. All dree Moont müss ik nah de Bank hin un mi niede Transaktionsnummern holen, den Rest kunn ik bequem sülven an PC moken. Aver denn meen mien Bank, dat mit den Zettel weer to unseker. Nu wullen se mi för jede Överwiesung per SMS eene Transaktionsnummer schicken, de ik denn intippen schull, innerhalv vun fief Minuten. Eerst wull ik dat nich glöven, aver dat funktioniert. Aver dat kommodige Leven is vörbi.

Bi uns is dat nämlich so: De W-Lan-DSL-Router steiht int Büro un funkt bit in de Köök. Dor sitt ik mit mien Laptop un mook mien Bankgeschäfte. Dor heff ik aver keen Empfang mit mien Handy. De eenzige Rum int Hus mit Handyempfang is dat Zimmer vun mien jüngste Dochter in ersten Stock. Dor, op de Fensterbank, liggt bi

dat Internetbanking denn mien Handy. Mien Internetbanking-Workout süht nu so ut:
Ik sitt an't Laptop un füll de Överwiesung ut. De Bank schickt mi de SMS mit de Transaktionsnummer. Ik loop trepphoch nah mien Handy, hool dat rünner, tipp de Nummer in't Laptop, schick de Överwiesung af, loop wedder hoch un legg dat Handy op de Fensterbank, loop wedder rünner, tipp de nächste Överwiesung in, loop wedder trepphoch nah dat Handy, treppdaal nah dat Laptop, Nummer rin, afschicken, Handy wedder hoch, wedder rünner an't Laptop, niede Överwiesung, un so wieder, un so fort. Bi'n Buern sünd dor licht mol föffteihn Överwiesungen an't Stück. Dat höllt fit, dat segg ik ju.
Ik glööv, mien Bank un mien Mobilfunkanbeter, de steekt ünner eene Deek. De denkt, so een goden Kunden, de mutt lang fit un gesund blieven, dormit he uns lang erholen blifft. Also hoolt se mi op Draff. Ik seh nich so ut, aver ik bün fit as een Turnschoh, dat köönt ji mi glöven.

Zwieback un Matrix

Wi hebbt tohuus ja twee Köters, een brune Hündin, de heet Zwieback, un een schwatten Rüden, de heet Matrix. Ik weet, dat sünd keen normale Hundenomens, aver wenn wi al so eene stinknormale Familie sünd, denn schüllt unse Köters wenigstens total crazy Nomens hebben. Un dat is würklich ümmer ganz lustig, wenn wi mit de Köters spazeeren gaht un Zwieback löppt weg. Wi gaht denn dörch de Straten vun uns Dörp un roopt: „Zwieback! Zwieback!" Eenmol hett een Oma de Döör open mookt un to uns Dochter seggt: „Deit mi leed, Zwieback heff ik nich int Hus, aver wenn du son Hunger hest, hier, ik heff een poor Kekse för di!"

Zwieback un Matrix sünd total verscheden. Matrix is sööt, recht schüchtern un strohdoof, Zwieback nich ganz so sööt, forsch un schlau. Machmol aver nich schlau noog. Oder, üm dat anners uttodrücken: Machmol is dat schlauer, een beten blööd to ween.

Vör unse Huusdöör harrn wi fröher een opene Veranda. Vör een poor Johren hebbt wi se mit Glas dicht mookt. In Sommer hebbt wi vör de verglaste Veranda een Flegendöör, de blots mit een Feller dicht fallt; in Winter is dor een richtige Döör bin, dormit dat op de Veranda nich freert.

Wenn wi nu mit de Köters rut wüllt un hebbt de Huusdöör al open, denn blifft Matrix ümmer een Stück trüch. He mistruut de Dören, egol of Sommer- oder Winterdöör. Zwieback is dor anners. Wenn de Sommer-

döör dorbin is, denn weet se, dat se de mit de Schnut open stubsen kann. Se bremst nich mol af, bevör se dörch de Döör löppt. Zack, un Zwieback is buten, aver Matrix steiht noch ängstlich achter de Döör un geiht erst dörch, wenn wi se för em open hoolt.
Dat geiht so lang goot, bit ik jichtenswann in Harvst de Sommerdöör rut nehm un de Winterdöör inhang. Wenn ik denn dat erste Mol mit de Köters rut gah, denn löppt Zwieback so as ümmer gegen de Döör an – un prallt dorvun af as een Gummiball. Ik stah denn achter ehr un mutt lachen, un Matrix steiht achter mi un versteiht nich, wat los is. Aver wenigstens hett he sik nich weh daan.
Machmol is dat eben schlauer, een beten blööd to ween.

De Doot un dat Leven

Dat is nu dörtig Johren her, dat mien Unkel Kalli storven is. Ik weer veerteihn Johren oolt, un ik wüss, dat he doot blieven wörr; dat harrn mien Öllern mi seggt. Un een Sünnavendmorgen in Oktober 1982 weer dat sowiet. Dat Telefon klingel, un mien Öllern seten an Fröhstücksdisch un weenten still. Ton ersten Mol weer een vun miene nächsten Verwandten storven, un ik kunn dat noch nich so richtig begriepen. Unkel Kalli weer doot, un dat dä mi weh, aver lang nich so weh as mien Öllern. Ik heff mi dat genau bekeken, wo dat weer, wo mien Ümgebung mit den Doot vun Kalli umgüng, un vun sien Doot heff ik veel över dat Leven lehrt.

Later den Dag weer ik inlaadt to een Teeavend bi miene Fründin Vera. Wi seten in ehr Stuuv in ersten Stock, dor weern meist föffteihn oder twintig Lüüd, halv Jungens, halv Deerns. De meisten dorvun ut unse Konfer-Grupp. Wi weern jüst vörher, in de Harvstferien, op Konferfreizeit ween. Op Fehmarn. Dor harr ik anfungen, mi för Sonja to interesseren. Op de Nachtwanderung över Fehmarn weern wi Hand in Hand lopen, un mi wörr hitt un kolt, wenn ik blots doran denk.

Dat weer de erste Teeavend, op den ik weer. Dor schullen noch veele annere komen, un eegentlich weer dat ümmer datsülvige. Man huuk tosamen, höör melancholische Musik, un dat röök nah Wildkirschen- oder Vanille-Tee.

Vera ehr Stuuv weer recht vull mit Lüüd, un rein tofällig keem ik achter Sonja to huken. In Schniedersitt seet se vör mi; ik leeg achter ehr, aver wi beröhrten uns nich. Mit een Mol güng dat Licht ut; Sonja leet sik nah achtern fallen, un plötzlich, ganz plötzlich harrn unse Lippen sik funnen, un Sonja ehr Tung keem mien Tähn un miene Tung besöken. Ik weer so överrascht un denn överwältigt. Dat weer dat Schönste, wat ik bit dorhin beleevt harr. Mi wörr hitt; mien Hart schlöög bit nah'n Hals, mien Bloot pulseer. Ik weer ant Leven, jawoll, ik weer ant Leven!
Denn güng dat Licht wedder an. Sonja scheet wedder hoch, un ik leeg dor; de Tung hüng mi noch ut den Hals. Franky, de vörher mit Sonja gahn weer – ik harr dacht, dat weer al lang ut – Franky fröög ganz luut: „Sag mal, Sonja, ist jetzt eigentlich Schluss oder was?“ Un se anter ganz liesen: „Ja. Tut mir leid.“ Franky stünn op un huul af, un för een halve Minut weer 'n ganz pienliche Stimmung in Vera ehr Stuuv. Denn güng dat Licht wedder ut, un Sonja full wedder nah achtern. Wi möken wieder, wo wi opholen harrn.
För söven Weken weer ik de Jung an Sonjas Siet. Se weer mien eerste Fründin, un de eerste Fründin hett in dat Leven vun een Kerdl ümmer een ganz besünneren Platz. Ik warr düsse söven Weken nich vergeten. Wi drunken Tee, wi küssten uns, wi hüngen in de Bushaltesteed af, un een Mol weer ik kort dorvör, mien Hand ünner ehren Pulli to schuven, aver denn weer Schluss, un dat mit de Hand ünner den Pulli hett mien Kumpel Christoph för mi övernohmen.
Tscha, so weer dat an düssen Dag. Sünnavend, de 16.

Oktober 1982. Mien Unkel Kalli bleev doot, un ik weer so wat vun ant Leven. Ik harr nich mit em tuschen wullt. Aver de Dag warrt komen, dor bliev ik doot, un een Jung jichtenswo kriggt den ersten Tungenkuss. So is dat Leven, un de Doot hööرt dorto.

Koh in de Gülle

Nülichs weer ik inlaadt; ik schull an Nahmeddag vör‘t Kaffeedrinken bi een Hochtiet int Hotel een beten wat vertellen, een poor plattdütsche Geschichten, as plattdütschen Entertainer. Ik wull jüst losföhren; ik weer ungewöhnlich goot in de Tiet. Ik güng över den Hof nah mien Auto hin, dor mark ik, dat dor in mien Kohstall so een Unroh is, un ik heff dacht, ik mutt doch gau mol kieken. Un denn stünnen all mien Köh achter den Stall vör de Güllevörgruuv un keken dorin, un in de Güllevörgruuv stünn een Koh un keek rut. Bit an Hals stünn se in de Gülle un jammer; se weer dörch de Eekenbohlen broken un harr Angst. Schönen Schiet, heff ik dacht, bün wedder int Huus lopen, heff mi mien Stalltüch antrocken un wedder hin nah de Koh, üm ehr ut dat Güllelock rut to trecken. Ton Glück weer mien Fru ok jüst dor un kunn mi hölpen. Wi hebbt een Frontladertrecker un een breeden Nylontampen hoolt; ik bün vörsichtig op de Koh ropkladdert un heff ehr den Tampen üm den Hals leggt, un denn hebbt wi de Koh mit den Frontlader an den Tampen üm den Hals ut dat Güllelock rutböört; dat geiht, wenn de Tampen breet noog is, denn kannst du de Koh doran hochbörn; dat mookt ehr keen Spoß, un den Buern ok nich; se verdreiht de Ogen, aver se kann dat af, wenn dat nich to lang duert. Also rut mit de Koh, denn forts den Tampen losmoken, un de Koh stünn op, fardig mit de Welt, se zitter, aver se weer ant Leven. Wi hebbt ehr noch gau in de Krankenbox bröcht; mien Fru hett den Tierarzt anropen, un de Koh hett överleevt, ofschonst se blots noch een Körpertemperatur vun 35 Grad harr, stünn se dree Stünnen later al wedder to freten. Also weer allens mol wedder goot utgahn. So een Glück.

Un ik? Wieldes mien Fru op den Tierarzt töövt, heff ik buten in de Deel mien Gülletüch uttrocken, bün forts wedder rinlopen, heff mi de Hannen wuschen, Schapptüch wedder an un mit Vullgas nah de Hochtiet hin. Dor keem ik denn een Dreeviertelstünn to laat. De Brüdigam harr jüst de Hochtietstort anschneden, un statt vört Kaffeedrinken heff ik mien Geschichten nu bit Kaffeedrinken vertellt. So hebbt de Gäste wenigstens nich dortwüschen sabbelt; se harrn den Mund ja vull, keken mi an un hören mi to. Brut un Brüdigam weern glücklich; se strahlen vun binnen un harrn Verständnis för mien Verspätung; denn se keemen ok vunt Land.

Also weer allens in beste Ordnung. Blots eens is mi upfullen, dor int Hotel: Dat hett dor nah Gülle stunken, du, dat weer nich mehr schöön!

Dat blaue Band

Wi Buern köönt dat blaue Pressengarn ut Plastik, wo de Strohklappen mit bunnen sünd, ja meist richtig goot bruken. All de Buern wohrt dat blaue Band op, wenn se de Strohklapp utstreut hebbt. De meisten hebbt dorvun een groten Sack in de Komer stahn un meist ok wat dorvun in de Tasch, un denn warrt allens dormit heil mookt. De Tuun, de Anhängerklapp, dat Hecktor, allens, wat du di vörstellen kannst. Un wenn dien Gürtel kaputt geiht, kannst du en blauet Band dorför nehmen.

As wi mit de Familie annerletzt in Urlaub weern, dor heff ik to mien Kinner vörher seggt: „Lüüd, in Flughaven, ant Gepäckband: All hebbt se dezent musterte oder eenfarvige dunkelblaue, dunkelgraue oder schwatte Kuffers, un wi jüst so, un dormit wi ant Gepäckband unse Koffers gau wedder rutfindt, geiht nu jedeen vun ju in den Kalverstall, holt sik en blauet Band un bind dat üm sien Koffer rüm!“ Un ton Glück weer dor woll keen anner Buernfamilie ünnerwegens, un so weern wi de eersten, de vun dat Gepäckband wedder weg weern, un dat mookt wi nu ümmers so.

Un as ik nülichs mien ölltste Dochter vun de Klassenfohrt afhoolt heff – se weer in Wien west un keem mit den Nachttog trüch – dor keem se ut den Waggon un harr ehr Koppkissen un ehr Wulldeck för den Nachttog mit en blauet Band an ehren Koffer fastbunnen. As ik dat sehg, dor wörr mi richtig warm ümt

Hart, ik kreeg ganz natte Ogen, un ik heff dacht: Es is nich allens ümsünst. Es is nich allens vergebens. So nehmt se doch wat an vun ehrn Vadder, dor blifft doch wat hangen. Ok wenn dat blots dat blaue Band is. Dat is beter as nix.

Nah den Optritt

Dat is en poor Daag her, dor harr ik een Optritt in eene Bookhandlung. Mi mookt dat düchtig Spoß, bi Bookhändlers to vertellen. Bookhandlungen sünd magische Steden, dor is oftins een ganz besünnere Stimmung, mang all de schönen Böker to stahn un mien Geschichten to vertellen. Un nah all de dusende vun Marken un Euros, de ik över de Johren in Bökerladens laten heff, is dat ümmer noch een schönet Geföhl, mit mehr Geld in de Daschen wedder rut to gahn, as ik rin gahn bün.
Bi de letzte Bookhandlung, dor harr ik een Matinee geven, Sünndag Vörmeddag Klock Ölven. In de Paus harr ik al örntli Böker signeert – as Reimer Bull ümmer sä: Schall ik di dor een Kringel rinmalen? – denn güng mien Show wieder, un as ik fardig weer, nich ohn Togaav, un de mersten Lüüd weern al rut un op den Weg nah ehr Sünndagsmahl, dor keem een öllere Fru nah mi hin, geev mi een Book un hett mi fraagt, of ik ehr dor ünnerschrieven kunn. Jo, natürlich, heff ik seggt, un denn keem se int Schnacken. Ehr Mann, so vertell se, weer schwor krank west, un in düsse Tiet harr se em oftins ut miene Böker vörleest, un dor harr he sik richtig an freut. Un se harr oftins dacht, sä se, se wull ehren Mann een signeertet Book vun mi schenken. Dat is een gode Idee, sä ik, schreev mien Nomen in dat Book un geev ehr dat trüch. Danke, anter se, nehm dat Book un meen: Nu heff ik dat signeerte Book, aver mien Mann, den heff ik verloren.

Ik wull noch wat seggen, aver mi full nix in. Ik keek ehr nah un weer ganz still. Machmol mutt ok een plattdütschen Entertainer eenfach mol de Schnut holen, dat Schwore sacken laten un villich jichtenswann een lütt Geschicht dorvun schrieven.

Wat Öllern so vertellt

Dat hett lang duert, bit ik dor achter komen bün, aver hüüt weet ik: Nich allens, wat dien Öllern di vertellt, stimmt ok. Mien Mudder hett mi, as ik Jung weer, een poor Wiesheiten mitgeven, de sünd eenfach blots Quatsch. Liekers kann ik ehr nich vergeten. Mudder nich, un de Wiesheiten ok nich.
Ik schull mi ton Bispeel vör Libellen in acht nehmen. Mudder sä: „Wenn een Libell di dreemol bitt, denn bliffst du doot!" Un ik heff dat glöövt. Ümmer, wenn ik düsse wunnerboren Dierten sehg, denn kreeg ik dat mit de Angst, anstatts ehr orntli to bewunnern.
Wiederhin schull ik Kaugummi nich rünnerschlucken. Dat Kaugummi wörr denn mien Mogen verkleven,un ganz wat Schlimmes wörr passeeren. Ik harr mi meist in de Büx scheten vör Angst, as ik ut Versehen mol een Kaugummi verschluckt harr. Passeert is aver rein gor nix. Boven rin, ünnen wedder rut. Keen Weehdag, keen Mogen verkleevt, nix. Dor weer ik meist enttäuscht.
Wichtig weer ok: Ik schull keen Figatzen moken. Mudder sä, wenn ik ünnern Karktorn stünn un jüst Figatzen möök, wenn de Karkenklock schlöög, denn wörrn mien Figatzen in mien Gesicht stahn blieben. Ik heff dat utprobeert. Ik müss in Plön an de Kark ümmer op den Bus töven. Jedeen Dag Klock een, wenn ik dor stünn to töven, heff ik nah de Klock hochkeken un Figatzen mookt, so oft un so lang, dat de Touristen al anfungen, mi Lüttgeld hintoschmieten. De Klock

schlöög, ik kunn wedder normal kieken. Vun wegen Figatzen stahn blieven. Aver ik harr een beten wat verdeent as Bettler an de Kark in Plön. Ok nich schlecht. Un ik schull in‘n See nich dörch Seerosen schwimmen. De wörrn sik, so sä Mudder, üm mien Been schlingen un mi ünner Water trecken. Ik weer veeruntwintig, as Birte mi övertüügt harr, dat dat Quatsch is. Wi weern an een wunnerschönen Waldsee in Schweden, ganz eensam. Dat weer hitt un wi weern nackig, un wi wullen so gern tosamen baden. Aver ik harr Angst; dor weern Seerosen in den See. „Komm endlich rein!“, reep se, aver ik heff mi nich troot. „Was ist los?“, fröög se, un ik anter ganz liesen: „Ich hab Angst, dass die Seerosen mich runterziehen.“ Birte lach un sä: „Du spinnst! Aber ich liebe dich!“ Un se dreih sik üm, keem nah mi hin, nehm mi an de Hand, sä, plötzlich op Platt: „Koom, mien Schieter, ik pass op di op!“, un denn sünd wi Hand in Hand, ganz vörsichtig un langsam tosamen dörch de Seerosen schwommen, as of dat nix weer. Dat weer wunnerschööön, un ik heff dat överleevt.
Wat schall ik seggen? Mudder hett dat nich beter wüsst, aver se hett machmol Quatsch vertellt, soveel is mol klor.

De Buernregel

Ik weet nich, wo ju dat geiht, aver ik kann mi de mersten Saken an besten mit eenfache Regeln oder Sprüche marken. Un wenn ik dor över nahdenk, fallt mi glieks wat dorto in. Ton Bispeel ut dat eerste Johr Geschichtsünnerricht: „Drei drei drei, bei Issos Keilerei!“ Oder Engelsch: „He she it, s muss mit!“ Oder Dütsch, al een beten wat länger her, aver unvergeten: „Wer brauchen ohne zu gebraucht, braucht brauchen gar nicht zu gebrauchen!“

Ok för Buern gifft dat een son Schnack. Den heff ik in de Landwirtschaftsschool lehrt, in den Plantenbuu-Ünnerricht. De Schoolmestersch hett mi mol vertellt, wo schwor dat weer, de jungen Buern bitopulen, wannehr ehr Grasland riep weer, dormit de Köh dorop weiden köönt, un wannehr dat riep weer, üm Silo to meihen. Oh, wat harr se versöcht, de Wiesheiten in de Schölers rin to kriegen, harr wat vertellt vun Entwicklungsstadien, vun Ährenschuben un Grasblöhen, aver de Landwirtschaftsschölers wullen dor nix vun weten. Se sän blots: „Wi laat de Köh op de Weid, wenn de Naver dat ok deit. Un wi hoolt dat Meihwark rut, wenn de Naver jüst anfungen hett to meihen!“

Dat wull de Schoolmestersch sik nich länger anhören. Un se sä: „Wenn dat Gras so hoch is as een Buddel Beer, denn kannst de Köh dor op jogen! Un wenn dat so hoch is as een Buddel Köm, denn kannst dat meihen!“ Süh, dat kunnen de Schölers beholen un hebbt dat nich wedder vergeten.

Wenn ji also int Fröhjohr all de Buern mit een Buddel Beer un een Buddel Köm dörch de Gegend lopen seht, denn weet ji nu, dat de sik nich etwa in de Feldmark een ansupen wüllt. Nee, de sünd ant Arbeiten. Se kontrolleert blots gewetenhaft un professionell, of dat Gras al groot noog is. Dat mutt ja ok mol ween.

Dat Marzipanbrot

Eegentlich bün ik ja nich so de Wiehnachtstyp. Liekers freu ik mi op Wiehnachten. Dat hett eenen eenzigen Grund: Ik mag to un to gern Marzipan. Also nich den billigen Schiet, nee, dat echte, dat wohre, dat würklich ut Lübeck kümmt. Dat kööp ik mi nich sülven, un dat is een Glück, denn wörr ik mi dat sülven köpen un nich blots schenken laten, denn wörr ik wiss tweehunnertföffteihn Kilo weegen – un nich hunnertföffteihn, so as nu.
Nee, ik krieg dat schenkt, vun mien Mudder, to Wiehnachten. Dreehunnert Gramm Marzipanbrot, ohn Schokolaad buten rüm. Jedet Johr, siet ik denken kann. Un dat is ümmer dat sülvige: Denn liggt dor ünnern Boom düt lütt Paket, dat sik al dörch sien Form verroden deit. Eegentlich weet ik wat dorbin is, aver ik will dat sehn! Un denn riet ik dat Papier af, un denn liggt dat dorbin, in dat dörchsichtige Plastik, un dat glänzt so fien, un denn denk ik, ik will blots doran rüken, un ik treck de Folie af, an de Eck, op de steiht: „Bitte hier öffnen!", un denn suug ik düssen so wunnerboren Duft in, un ik denk, ach, blots eenen Bissen dorvun, wi hebbt jo eben erst Kartüffelsalat un Wüst hatt, ik bün jo noch satt, un denn biet ik rin, un dat schmeckt so unglaublich supi – un obwohl ik genau weet, dat dat wedder 364 Daag, 23 Stünnen un 58 Minuten duert, bit ik wedder so een Marzipanbrot twüschen de Kiemen krieg, putz ik dat in Nullkommanix weg, restlos. Ik kann nix dorgegen doon, un ik freu mi al düchtig op Wiehnachten!

Birtes Ohr

Birte un ik, wi sünd al siet lange Tiet een Poor. As wi tosamen keemen, dor geev dat de DDR noch, un Helmut Kohl weer Kanzler un noch so flink op de Been, dat man, wenn man Eier op em schmeten harr, sehn möss, dat man weg keem, anners geev dat wat lang Fell, vun em persönlich. Nu hebbt wi bald Sülverhochtiet, Birte un ik, Helmut Kohl sitt in Rullstohl, un Angela Merkel, de in de ersten Johren in de Politik echt sööt weer, mit ehrn authentischen östlichen Charme, süht nu bald so ut as Kohl dormols, un wenn se schnackt, denn is dat ok nix Besünners mehr.
Hüüt, nah dreeuntwintig Johren Ehe, hebbt Birte un ik een Bett, dat is twee Meter lang un een Meter achtig breet. Wi hebbt soveel Platz int Bett, dor kunnen locker noch dree anner Lüüd in schlopen, un man wöör sik noch nich mol op den Wecker fallen. Wenn wi uns to jichtenswat int Bett verafreden wüllt, Ehehygiene oder wo man dat nöhmt, denn mööt wi op't Best vörher telefoneern un een Treffpunkt afmoken, anners besteiht de Gefohr, dat wi uns gor nich drepen doot. Un jedereen liggt ünner sien egen Bettdeck, ümmer ünner sien egen Bettdeck. Ik find dat schaad, aver ik bün ok de, de överall un ümmer schlopen kann, int Stahen, int Sitten, int Liggen. Ik kann sogor schlopen, wenn ik schnorch, un dat köönt ji mi glöven: Ik bün de eenzige, de schlopen kann, wenn ik schnorch. Mien Schnorchen is legendär.

Fröher, 1990, as Birte un ik tosamen keemen – ik weer Zivi un Birte Praktikantin in de Kita, wo wi arbeiden – dor weer mien Bett een Meter veertig breet, aver Birte un ik schlöpen ümmer op de eene Matratz, söventig Zentimeter, ünner eene Deck. Wi schlepen eng ümschlungen, un ümmer weer mien linken Oberarm dat Kissen för ehrn Kopp. Wenn wi morgens opwaken, harr ik den Afdruck vun Birtes Ohr op mienen Arm, as een Tatoo. Ik kunn dat den ganzen Dag lang sehn, un erst avends, wenn wi to Bett güngen, weer dat weg, aver blots, üm glieks wedder niet mookt to warrn.
Birtes Ohr op mien Arm – machmol sünd dat de ganz lütten Saken, de ik vermiss, machmol, in Alldag. Un Birtes Ohr, dat is würklich lütt, dat köönt ji mi glöven.

Platt in Alldag

Ik freu mi ja ümmer, wenn ik Plattdütsch höör, ünnerwegens, eenfach so, in Alldag. Ik meen, wenn uns Spraak överleven schall, denn mutt se schnackt warrn, nich blots int Radio bi „Hör mal'n beten to", sünnern in Alldag, vun de Lüüd. Un so freu ik mi ümmer, wenn ik Öllern mit ehr lütt Kinner Platt schnacken höör. Un ik schoom mi, dat ik mit mien Gören nich Platt schnacken do. Aver as se lütt weren, weer Plattdütsch in mien Leven noch nich so wichtig, un mien Fru schnackt sowieso keen Platt. Un nu, so laat, in de Familie ümtoschalten un blots noch Platt to schnacken – dat funktioneert leider nich. Wi hebbt dat versöcht. Hett nich klappt. Wenigstens köönt mien Kinner mi nu böös ween, dat ik mit ehr keen Platt schnackt heff. Machmol hölpt dat, wenn man op sien Öllern böös ween kann. Een warrt lichter un gauer erwassen denn.
Machmol sitt ik in Tog un jichtenswo achter mi schnackt een Platt. Glieks fang ik an to grienen. Un ik kenn een, de bestellt int italienische Iescafee ümmer op Platt, un he kriggt dat, wat he will, wiel de Kröger dor een plattdütschen Italiener is. Un nülichs weer ik in Plön un möss mien Stüererklärung weg bringen, nah't Finanzamt. Dat is denn ja keen son schönen Dag, ik meen, wi all weet, dat wi Stüern betahlen mööt, dormit unsen Staat funktioneert, aver wenn dat sowiet is, denn will een ja doch lever allens för sik sülven beholen. Ik weer also son beten muulsch, as ik de Stüerpost bit Finanzamt in

Postkassen schmeten harr. Un denn bün ik över de Straat gahn in Supermarkt. Ik möss noch wat fört Meddageten inköpen, un in de Schlang för de Kass möss ik töven. Dor an de Kass seet een Verköper, de in allerbeste Stimmung weer un Platt schnack. Mit jedeen Kunden een poor Wöör op Platt, egol, ob Plöner oder Touris, un ümmer mit een Lächeln in Gesicht. Dor lächel ik ok, un den Arger wegen de Stüer harr ik meist vergeten. So, op düsse Wies, kann Plattdütsch di sogor bi de Stüer hölpen. Is dat nich fein?

Gülle

Dat is würklich een Phänomen, een erstaunlichet Phänomen, wo dat mit de Gülle so is. Ik meen, wenn du Huutkontakt mit Gülle harrst: Du kannst waschen un waschen un waschen, mit Seep, mit Handwaschpaste, mit Melkmaschinenreiniger, un du kannst schrubben un schrubben un schrubben, mit de Handwaschbörst, mit de Drahtbörst, mit de Schrubbschiev vun de Flex, un dien Hannen sünd so sauber, as se dat noch nie weren, dien ganzet Leven noch nich, aver se stinkt ümmer noch nah Gülle, un dat blifft den erstmol so, för twee oder dree Daag. Denn de Gülle – tomindst de Gestank vun de Gülle – geiht forts ünner de Huut un stinkt vun dor. Dor kannst du nix weg schrubben, un de Gestank stinkt, bit he sik utstunken hett. Un dat duert.

Noch leger is dat, wenn du eene Gülledusch afkregen hest. Ik meen, dat kennt jede Buer, de al mol Gülle föhrt hett. In de Gülle – tomindest in Rindergülle – is oftins noch Stroh mit bin, un dat kümmt al mol vör, dat dat Utlooplock vun den Güllewagen mit Stroh verstoppt is, so dat dor keen Gülle mehr rut kann. Also mutt de Buer dorhin un dat ton Bispeel mit een groten Schrubendreiher frie pucken, aver oftins vergitt he, dat Schott vun Güllewagen to to moken un den Druck vun den Kompressor weg to nehmen, un knapp is de Utloop frie, dor steiht de Buer in Güllleregen un denkt: „Ik Vullidiot, ik Eenzeller!“ Ik heff dat ok al hatt, merrn op de Koppel, ik heff dor forts mi Klamotten uttrocken bit op de

Ünnerbüx un de Gummistebeln, wiel ik nich de Treckerkabine noch insauen wull, un ik bün so dörch't Dörp föhrt, wenn mi eener sehn hett, de hett wisst dacht, ik heff eene seltene Perversion oder so, ik geil mi womöglich doran op, nackig Gülle to föhren. Un ik wüss genau, ik kunn schrubben un waschen un duschen, ik kunn mien ganzen Körper inschmeren mit Teehnpasta un achterran wedder afspölen: ik mutt wedder fief Daag lang ganz alleen in de Gästestuuv schlopen.
Aver dat is nu vörbi. Ik heff een Mitarbeiter, de för mi Gülle föhrt. He kriggt dat betahlt, un he hett sowieso een Stuuv för sik. Keeneen quakt an em rüm, wenn he nah Gülle stinkt. Machmol beneid ik em dorüm. Aver meistens eher nich.

Produktionsaufgaberente

Siet he denken kunn, is he de Buer west. Geboren in den Krieg, in den sien Vadder bleev, opwussen op den Hof, den sien Mudder rett hett, so goot dat even güng, tosamen mit een öllere Schwester, möss he fröh anpacken. Sien ganzet Leven weer dor de Arbeit, de Arbeit un nochmol de Arbeit. Sien Schwester hett heirat un tröck weg. Also bleven sien Mudder un he un later sien Fru un de Kinner. Een ganz normole Buernfamilie in de sösstiger un söventiger Johren. Oma int Hus föll op de Nerven; he un sien Fru huken an mit Arbeit; dor weer veel mit de Hand to beschicken, veertig Köh in Anbindestall, Silo fuddern mit de Schuvkoor, utmisten mit de Schuvkoor. Liekers weer dat Leven goot; se kunnen twors keen Urlaub moken, aver welke Buern möken Urlaub in de söventiger Johren? Jedenfalls nich de Melkbuern. Aver ümmerhin, se keemen torecht; de Kinner möken nich blots Sorgen, sünnern ok Freud, un de Söhn hett sogor Landwirtschaft lehrt. Dor weer de Hoffnung, dat güng wieder, obgliek de Navers sticheln: „Du schullst man opholen un dat Land an mi verpachten! Dien Söhn warrt sowieso nich anfangen, op düsse lütte Klitsch!“ Aver he, de Buer, sä: „Solang ik krupen kann un mien Reken betahlen, warr ik nich opholen!“

Aver he un sien Fru wörrn öller; de Arbeit güng schworer vun de Hand. De Söhn söök sik Arbeit op den Bu; dat Geld langte nich för alle. De Maschiens wörrn öller un klappriger. Niede kunnen se nich betahlen. De

Navers fungen an to schnacken; de ersten keemen vörbi un frögen, ob se pachten kunnen; dat harr doch wohl keen Sinn mehr mit em, aver he hett ehr weg jaagt, een nah den annern, un mehr as eenmol hett he to sien Fru seggt: „Wenn ik nu doot umfallen wöör, hier, op de Steed, ik much wetten, vör ik ünner de Eer bün, ach wat, solang ik warm bün, sünd all de Geiers al hier west, üm dat Land to kriegen! Un se warrt sik nich schoomen, nich för fief Minuten! Se wüllt blots ümmer mehr, mehr, mehr! De Öös!“ Aver dat güng nich wieder, dat möss he ok insehn. Oftins hett he in‘n Stall stahn, merrnmang de Tieren, un weer vertwiefelt. De Tieren weg geven, so dach he ümmer wedder, ik kann doch nich de Tieren weg geven. Wi hebbt doch ümmer Tieren hatt!
Un denn keem de Söhn mit een Artikel ut Buernblatt. Produktionsaufgaberente. So wat geev dat dormols, Anfang vun de ningtiger Johren. Köh weg, keen Melk mehr levern, dorför Geld vun Staat. „Mook dat.“, sä de Jung: „Dat is beter för uns alle. Mudder is ok dorför.“ Un denn, nah dree Daag vertwiefelt in‘n Stall stahen, hett he Jo! seggt. Liesen, aver dütlich: Jo!
Ohn Probleme keem de Andrag dörch. De Termin stünn, un de Söhn hett den ganzen Bestand verköfft, an een Veehhändler. An den Morgen, as de Lasters keemen, is sien Vadder utneiht. Eben noch harr he dat letzte Mol molken; de Melk weer noch warm, un nu schullen de Köh weg? Dor kunn he nich mit üm, un he is weg lopen, blind vör Tranen. Keener wüss, wo he weer. Se hebbt de Tieren ohn em oplaadt; de Söhn hett den Handschlag mit den Veehhändler mookt. „Grööt dien Vadder!“, sä de Veehhändler: „Ik weet, dat is schwor. Warrst sehen,

naher kümmt he wedder, un denn geiht dat niede Leven los!“
De Lasters föhren vun Hof, aver de Vadder keem nich wedder. Den ganzen Dag bleev he weg, un sien Fru harr Angst, he harr sik womöglich wat andoon. Se wull al de Polizei anropen, aver denn hett se sik dat doch anners överlegt. Se kannte ehren Mann. Liekers weer se örntlich in Sorg, as se to Bett güng, un se leeg waken, bit de Döör klapp. Denn kroop ehr Mann to ehr int Bett, ganz liesen, un ton ersten Mol siet Johren is se wedder röver rückt, op siene Siet, un hett em ümfaat. „Schöön, dat du wedder dor büst!“, hett se flüstert, un he anter: „Jo, dat find ik ok. Aver dat harr ok anners komen kunnt.“ Un se umarmen sik un se hebbt blarrt, tosamen blarrt, bit de Schloop keem, deep in de Nacht.
An nächsten Morgen wörrn se waken, halvig söss, so as ümmer. Aver se mössen nich opstahn to melken, nie mehr. De Köh weren weg un bleven weg.
Dat hett lang duert, bit se sik doran gewöhnt harrn. He kunn nich dorgegen an, dat sien Stall lerdig weer, un kunn dor nich rin gahn, he kreeg denn keen Luft mehr, un se harr forts Tranen in de Ogen, jedet Mol, wenn se Köh op de Weid segh, jichtenswo, an de Straat, wenn se mit Auto vörbi föhren. Eene ganze Tietlang lepen se nich rund. Melkbuern ohn Köh loopt nu mol nich rund.
Denn aver füng de Söhn an, den olen Kohstall to Peerboxen uttobuen. He wull wieder moken mit de Landwirtschaft, in Nevenerwerb, aver ümmerhin. Dor keem wedder Leven op den Hof. Dat güng wieder. Ümmer geiht dat wieder, oftins anners as plant, aver

egol. Een wöhnt sik an veeles. Dat bruukt blots sien Tiet, un plötzlich is dat ganz normol, dat de Kohstall nu een Peerstall is.
As mien Vadder seggen wörr: Dat harr ok leger komen kunnt! Oder, as mien Fru so gern seggt: Schlimmer geiht ümmer…

Op'n Dackböön

Mien Öllern hebbt nie, in ehr ganzet Leven nich, jichtenswat wegschmeten. Se harrn ümmer noch Platz, üm allens optobewohren, un also hebbt se allens, würklich allens opbewohrt. Toerst in all de Stuven, de bi uns int Buernhus lerdig stünnen, as se noch hier wohnt hebbt. As mien Familie un ik op den Hof trocken sünd, heff ik all den Kroom vun mien Öllern in ehr Olendeel schleept, op den Dackböön. Klamotten, Bettdecken, ole Böker, ole Breefe, Fotos, Papieren, allens. Dat is nu över föffteihn Johren her, un dat meiste vun den Kroom weer noch ümmer in de Säcke, in de ik dat dormols steken harr. Blots, dat de Säcke kaputt reten, as ik ehr nu hochböhren wull. De weren mit de Johren möör worrn.
Denn wi hebbt beschloten, den Dackböön uttobuen. Uns öltste Dochter will dor intrecken, wenn se ut ehr Au-Pair-Johr in de Schweiz wedder kümmt. Un vör wi dor een Wohnung buen köönt, möös erst de Kroom weg. Mien Mudder, mien Broder un meistendeels ik hebbt sortiert, in Opbewohren, Wiedergeven, Wegschmieten und Verfuddern. Dat hett mien Mudder örntlich mitnohmen, un ik kann dat goot verstahn. Ik bün datsülvige Fleesch un Bloot, ik kann ok nix wegschmieten un wohr allens op, solang ik Platz heff. Oftins heff ik mi vörstellt, wo mien Kinner in veertig Johren oder so dor sitt un mien Kroom sortiert un över mien Leven nahdenkt un viellich den Kopp schüttelt över allens dat, wat ik nich wegschmieten kunn. Düsse

Biller harr ik in Kopp; se weren ganz klor vör mi. As ik dor so seet un sortier den Kroom vun mien Öllern, dor föhlte ik würklich, wo neeg ik ehr weer, obwohl mien Mudder ümmer blots schimp, ik wull jo doch allens wegschmieten, ehr ganzet Leven wull ik wegschmieten.
Opbewohrt hebbt wi de Fotos, de Böker, de Breefe un de Papieren, wenn se Erinnerungswert harrn. Wiedergeven hebbt wi de Klamotten, de noch goot weren, un dat gode Dutzend Fellerbetten, vull mit Göösfellern, de Mudder sülven ruppt harr. Wegschmeten hebbt wi allens, wat würklich nich mehr to bruken weer, un an unse Schwien verfuddert heff ik een poor Zentner Appelmuus, Birnen, Bohnen, Kirschen, Rootkohl un Rode Beete, allens, wat Mudder inmookt harr, siet över veertig Johren. De Schwien hebbt sik freut. Sünd örntlich fett worrn, de Öös.
As ik dor so seet, opn Dackböön, alleen, un sortier de Fotos un de Breefe, dor wöör mi schwor ümt Hart. Wat heff ik dor allens funnen: Geburts- un Starveurkunden vun mien Opa, den letzten Utwies vun mien Oma mit ehr Ünnerschrift, noch so vertruut, dorbi schrifft se al siet eenuntwintig Johren nich mehr, so lang is se doot. De Kondolenzliste vun de Truerfier vun mien Unkel Kalli, de meisten vun de Lüüd, de ünnerschreven hebbt, sünd nu sülven doot, lang doot, un een Foto vun mien Tante Rosi un eene Fründin, een Farffoto ut de sösstiger Johren, twee wunnerhübsche junge Deerns in sexy Miniröck, op de Weid vör mien Unkels Buernhof. Frech lächelt se in de Kamera; se weet, wo schöön se sünd, un ehr Lachen is de reine Levensfreud. Ok Rosi is fröh storven, so as mien Unkel, un as ik dor so seet, dor rinn

mi ehr Leven – oder mien Entsinnen doran – dörch de Fingern, so gau, so gau, un ik föhlte mi nich glücklich, nee, aver ant Leven. Denn dat mookt dat Leven vun uns Menschen ut: Föhlen un Entsinnen. Un joo, ik doo dat gern. Ok wenn dat weh deit.

Dat meiste geiht doch vörbi

Mien öltsten Trecker is to glieke Tiet de nieste in mien Fuhrpark. Vör een poor Johren keem mien Vadder dormit an; he harr sien Buernkolleeg Helmut besöcht, de sien Hof opgeven harr un sien olen Trecker verköpen wull. Rein tofällig harr mien Vadder 5000 Euro in de Tasch un hett em köfft. Un denn hett he mi em schenkt, eenfach so.

So bün ik to mien Helmut komen; denn so hebbt wi den Trecker nöömt, sien Vörbesitter to Ehren. Helmut is een Fendt, Buujohr 76, 65 PS, ohn Allrad, ohn Kabine, blots een Flatterverdeck. Aver dat is nu ok al Geschichte, denn siet eenige Tiet is Helmut een Cabrio. Dat güng ganz gau, ik weer mit em op de Bundesstraat ünnerwegens, un denn keem uns een groten Laster entgegen, een 40-Tonner, un wusch! klappt dat Verdeck nah achtern, während de Fohrt! Dat nenn ik High-Tech!

Sietdem hett Helmut keen Verdeck mehr, blots noch de Frontschiev. Wenn ik nu mit em in Regen föhr, warr ik natt. Ik denk denn ümmer an den olen Melkkutscher, vun den mien Vadder mi vertellt hett. Dat weer de letzte vun sien Zunft, de noch mit Peerd un Wogen ünnerwegens weer, üm de Melkkannen bi de Buern aftoholen un nah de Meierie to bringen. Vadder vertell, düsse Melkkutscher harr nie Regentüch bi. Bi Schietwedder tröck he eenfach sien Hemd ut, pack dat in den Kasten ünner sien Kutschbank, sä jichtenswat as „Dat meiste geiht ja doch vörbi!“ un föhr mit nockten Oberkörper sien Tour, un

wenn dat ophöll to regen, harr he ümmer een dröög Hemd dorbi. Düsse Melkutscher weer nie, nich eenmol krank west, bit he jichtenswann, he weer wist al meist hunnertföfftig, doot vun Kutschbock fullen is.
Wenn ik also nu bi Regen mit Helmut ünnerwegens bün, denn treck ik mien Hemd ut, pack dat in de Warktüchkist un fohr mit nockten Oberkörper dörch de Gegend. De Lüüd kiekt komisch, aver dat is mi egol. Ik föhr Cabrio-Trecker, Dag un Nacht, Sommer un Winter. Dat meiste geiht ja doch vörbi, un krank bün ik al lang nich mehr west.

Gören!

Wann ümmer ik frogt warr, ob ik Kinner heff, un ik anter: Fief Stück! – denn kiekt de Lüüd mi mitleidig an. Aver wenn ik denn vertell, dat se dreeuntwintig, twee mol eenuntwintig, achtteihn un föffteihn sünd, denn seggt de Lüüd: Ach, de sünd jo al ut dat Gröffste rut.
Un ik segg: Glööv ik nich. Ik glööv, se koomt erst in dat Gröffste rin. Ik meen, ehrlich mol, wenn se lütt sünd – nu, se warrt mol krank, se hebbt opschlogene Kneen, se blarrt mol rüm, se gaht di mol op de Nerven, un du muttst jüm ehre Windeln wesseln. Seker, dat is Arbeit, dat bringt di machmol an diene Grenzen, aver jichtenswann an Avend schloopt se, un du kannst di verpusten. Un du mokst di Sorgen wegen, wat weet ik, Dörchfall un Kotzen un veertig Feber, aver annerndags hebbt se sik utscheten un utkotzt, un allens is wedder goot.
Aver grote Kinner? Se erobert sik de Welt, un se schloopt veel weniger as du. Den ganzen Dag un de ganze Nacht sünd se in Gang – de ganze Tiet kann wat passeeren. Un se hebbt de Nesen in jüm ehre Smartphones, se haut sik, se klaut, se mokt Party, sünd trurig, föhrt schwatt, se suupt un schmökt un kifft un nehmt Pillen, se vermüllt jüm ehre Stuven, wüllt Veganer warrn, quakt gegenan un mokt Führerschien – un dat nich schön örntlich achtereenanner wech, nee, allens op eenmol! Un dat is blots de normale Kroom. Manch annere hebbt würklich Probleme!

Un ach jo, vör allem Führerschien! Ik meen, wi hebbt fief Kinner, un dree dorvun hebbt middewiel Führerschien. Un uns Familienauto is een Ford Transit. In Originoltostand is düt Auto recht een beten wat breeder as dat Fohrschoolauto. Un wenn dien Kinner endlich den Führerschien hebbt un dat erste Mol mit dat Familienauto ünnerwegens sünd, denn meent se tomindst an Anfang ümmer noch, se sitt in dat Fohrschoolauto. Mit den Effekt, dat dien Transit mit de Tiet ümmer schmoler warrt un, tomindst wat de Breede angeiht, bald so utsüht as den Fohrlehrer sien. All dree Gören mit Führerschien hebbt ehre Signatur an unsen Transit achterloten, hier een Buul, dor een Schramme, un mit een dicken Edding hebbt wi dorneven schreven, wokeen dat weer. Un mien Fru un ik, wi hebbt beschloten, dat Auto warrt föhrt, bit dat uteneen fallt. Ik meen, he löppt super, aver de Verkopswert geiht gegen null, wiel he utsüht as Rost un Bulen mit veer Rööd doran. Un dorbi hebbt twee Kinner noch gor keen Führerschien, aver wenn de Tiet komen is, warrt se sik ok verewigen, soveel is gewiss. Dat Ulkige is: Ik freu mi dorop!

Segeln, Alder!

As wi – mien ole Frünnen un ik – uns annerletzt drepen, sünd wi Segeln west, op Ijsselmeer. Wi harrn een Yacht chartert, un dree vun uns sünd Hobbyseglers. Ik sülven harr jo noch nie segelt, aver de annern hebbt seggt: Segeln, du, dat mokt Spoß! Un ik heff dacht: Wenn de annern dat seggt, denn mutt dat jo stimmen.

Ersten Dag weer Flaute. Weer nix mit Segeln. Aver dat Boot harr ok een Motor. Also sünd wi mit den Motor rutföhrt op Ijsselmeer, quer röver nah een annern Hafen, wo wi schlopen wullen. Ünnerwegens, merrn op dat Water, sünd wi anholen, hebbt dat Boot drieven laten, de Badeledder utklappt un sünd int Water jumpt, wedder un wedder. Dat weer schön, allerbest. Intwüschen weer een beten Wind opkomen, un de annern hebbt de Segeln sett. Ik weer noch int Water un heff mi an een Seil fastholen un trecken laten, vun de Yacht. Twee Knoten möök dat Boot, mit mi dorachter, un as ik an Bord kladdert weer, glieks fiefeenhalv. Dor meenen de annern, ik weer allerbest as Schleppanker.

Letzten Dag mössen wi wedder röver, nah den Heimathafen vun de Yacht. Aver de Wind weer stark un keem vun vörn. Also, meenen de annern, mössen wi krüzen, gegen den Wind. Se seten dor tohopen, twee Ingenieure, een Immobilienmakler, een IT-Spezialist un een Polizist – ik bün jo de eenzige dor mit een normalen Beruf – klappen de Seekorten ut un moken Pläne, wie wi an besten gegen den Wind segeln kunnen, hin un her un

krüz un quer. Ik aver harr keen Lust mehr; ik wull nah Huus un sä: Un wenn wi den Motor anmokt un eenfach graad röverföhrt?
Aver dorvun wullen se nix weten, dat weer gegen de Ehre oder wat. Also hebbt wi krüzt un quert un hin un her, un statt avends klock söss weern wi Meddernacht wedder bi't Huus. Also Segeln, nee, dat is nich so mien Ding. Blots Schleppanker ween, dat mach ik gern, dat kann ik goot. Aver koom mi nich mit krüzen. Heff ik keen Lust to.

Landwirtschaft - een Spraak

Kümmt jo nich so oft vör, aver nülichs seet ik mol in Fleger. Ik harr mit mien Dochter een langet Wochenend in Wales tobröcht, un nu weern wi op den Weg vun Great Britain trüch nah Dütschland. Ik seet ant Fenster un schreev Dagbook, Marie weer blangen mi un schleep, un blangen ehr seet een groten Kerdl mit rosige Gesichtshuut un ohn Hoor op den Kopp. He weer ähnlich olt as ik, harr jüst so grote Hannen as ik un harr jüst dat tweete Beer tofaten, dor fröög he mi op Engelsch, wat ik dor jüst opschreven harr. Ik vertell em, ik schreev Dagbook, siet 32 Johren, un süh, wi keemen int Schnacken. Wat mien Business weer, wull he weten, un ik sä: „I am a farmer.“ Dat harr he sik dacht, anter he, bi de Pranken, de ik harr, groot as Schüffeln. He lach, de ganze Minsch wackel un lach un lach un wackel, un he fung an to vertellen. Dat sprudel blots so. Nah twee Minuten harr ik klook, dat he ok vun Hoff keem, nu Goorner weer, veer Döchter harr un siet een Johr alleen mit sien Kinner weer, denn sien Fru weer vergangen Johr storven, nah een Hartanfall in de Nacht, in sien Arms. „I was a mess“, sä he, un wi keken uns in de Ogen un weern beide kort dorvör, eenfach tosamen los to blarrn, as ob wi de besten Frünnen weern, obschonst wi uns jüst erst kennen lehrt harrn. Un wi schnacken över unse Familien, över unse Hööf, över uns Öllern un Geschwister un wie dat weer, op een Buernhoff op to wassen, egol ob in de engelschen Midlands oder in Norddütschland. Un wi vertellen vun unse Treckers, wovun wi dröömen un wat wichtig is int Leven, un ant End harr ik dat Geföhl, ik harr een nieden Fründ wunnen. Ik sä to em, dat weer doch grootortig, wenn du as Buer oder Buernkind een anner Buer oder Buernkind dröppst, egol wo, egol woher, man kann glieks los schnacken, as harr man sik sien Leven lang al kennt. „That is true.“, sä he: „Agriculture is a language.“

Wie Recht he doch hett. So heff ik dat noch nie sehn, aver dat stimmt. Landwirtschaft is een Spraak för sik, un wokeen se kann, kümmt överall op de Welt torecht, tomindst, wenn he anner Buern dröppt. Nu weet ik also: Ik schnack nich blots Hoch un Platt un Engelsch un een beten Französisch un een beten weniger Schwedisch, nee, ik schnack ok Landwirtschaft. Un jo, ik bün Buer, un ik heff Frünnen överall op de Welt. Wi kennt uns an uns Pranken. Un denn geiht dat Vertellen los, dat Uttuschen un dat Verstahn. Ik freu mi dorop.

Sommertiet, Wintertiet, klei mi an Mors!

Nu warrt jo bald de Klock wedder ümstellt. Un ehrlich, klei mi an Mors, ik will dor nix mehr vun weten. Stell de Klock üm, mienetwegen, aver laat mi dormit tofreden. Ik will nich stünnenlang doröver nahdinken, ob de blöde Klock nu vör- oder trüchstellt warrt, un ik will nich weten, ob ik nu een Stünn länger oder kötter schlopen kann. Ik schloop eenfach, bit ik waken warr, un de Rest is mi egol. Un düster warrt dat, wenn de Sünn ünnergeiht. Ob dat in Sommer nu Klock halvig teihn oder halvig ölben oder in Winter üm dree oder veer is, mien Gott, dat is mi doch lattenhagen!

Un bitte, bitte, keen Klockümstell-Sonderberichterstattung. Bitte keen Sondersieden in de Zeitung över Lüüd, de nich mehr schlopen köönt, wegen de Ümstellung vun de Klock, ik meen, as ob! Un bitte keen Reportage över Dierten, de ut jüm ehren Rhythmus koomt. Ik heff noog hört vun Köters, de wedder in de Ecken miegt, Kaninken, de mit eenmol noch düller rammelt, un ik will ok nix mehr hören vun Höhner, de keen Eier mehr leggen wüllt, un an all dat is de Sommertiet schuld, oder de Wintertiet, je nahdem.

Un bitte, dütmol ok keen Liveschaltung ut den Kohstall, direkt ut den Melkstand, un de Buer blarrt rüm, dat he sien Köh nu över Wochen nich rechttietig ut Bett kriggt, oder dat se staht un bölkt, wiel se op den Melker töövt. Son Quatsch, echt. Un ik weet dat; ik bün Melkbuer. Dat is allens eene Saak vun Pädagogik. Minsch, Lüüd, wi

hebbt doch de Köh, nich ümgekehrt. Okay, se sünd dor; se mööt molken warrn; also: een beten hebbt se uns ok, dat mutt ik togeven. Aver wann se molken warrt, dat hebbt wi doch in de Hannen, un nich de Köh.
Mien Köh jedenfalls liegt ganz locker op de Weid oder in Stall un weet: Molken warrt wi, wenn de Buer kümmt. Machmol kümmt he fröher, machmol later, aver he kümmt. So seker as de nächste Klockümstellung un de nächste Sonderberichterstattung doröver. Laat mi blots dormit tofreden!

Över den Doot lachen

Een Viertelstünn, nahdem mien Broder storven weer, hett mien Schwägerin Katja mi anropen. Ik heff mien Fru op de Arbeit informiert un mi denn glieks int Auto sett, üm mien Mudder aftoholen un mit ehr nah mien Broder to föhren. Ik meen, wi wüssen, dat düsse Dag komen wörr, mien Broder weer lang krank, un dat weer ton Schluss blots noch een Froog vun Daag, aver wenn dat denn sowiet is, denn kümmt dat erstmol mit Macht. Ik weet noch, ik seet int Auto, un mit grimmigen Humor dach ik: „Endlich keen Broder mehr. Endlich Eenzelkind. Vun nu an mutt ik nix mehr deelen!“ Aver ik kunn dor nich över lachen. Nee, ik fung an to blarrn. Ik möss anholen. As ik wedder föhren kunn, heff ik mien Mudder inladt un denn sünd wi hinföhrt, nah mien Broder, mien eenzigen Broder. Sien Söhn, mien Neffe Arik weer al dor, Katja natürlich, Katjas Söhn Basti un Katjas Öllern, un bit Meddag keemen ok Birte un unse fief Kinner. Wi harrn Koken besorgt, hebbt Tee un Kaffee kookt un uns to Udo sett. De Stuuv weer vull. Udo leeg still in sien Pflegebett, un mit dörteihn Lüüd seten wi bi em, eten Koken, drunken Tee un Kaffee, schnacken, blarrn, höllen uns fast. Un keken nah Udo, wedder un wedder. In de letzten Daag harr sien Leber nich mehr arbeit; sien Huut weer geel un wächsern. Aver he weer noch warm, he röök noch so as ümmer, un, nu, sien Hoor un sien Bortstoppeln weern eben sien Hoor un sien

Bortstoppeln. He leeg dor, un dat weer schwor, to begriepen, dat he wech weer.
Liekers, ik bün mi seker: Wenn een Minsch storven is, de uns neeg un wichtig is – dat Beste is, bi em to ween, mit de Familie, eenfach bi em to ween. Dor blieven, wo he liggt, doot, as he is, un nich wech to lopen. Hin kieken. Begriepen, wat los is. Minsch ween un lebendig, in de Gegenwart vun den Doot. Dat nimmt den Doot den Schrecken, un Jichtenswann fungen wi alle an, verscheedene Saken to moken, so as wi even all verscheeden sünd. Arik güng mit den Köter rut. Nora hett sik een Block holt un een Bliestift un hett Udo tekent, op sien Dodenbett. Marie schnack mit Katja över Kokenrezepte. Carla öövte an ehr Handy för de Führerschienprüfung. Jon un Basti güngen in Basti sien Stuuv, Computer zocken. Peer füng an, een Referat för de Berufsschool vörtobereiden, wat he nächsten Dag holen schull. De Normalität keem torüch, langsam, ganz langsam, blots mien Mudder seet dor un schüttel den Kopp, wedder un wedder; denn wenn dien Kinner vör di starvt; denn is dat verkehrt un schwor, so schwor. Un Birte un ik, wi seten dor, höllen uns an de Hannen un begrepen den Doot. Machmol hölpt dat, wenn du över em lachen kannst. Dat kunn ik noch an düssen Nahmeddag.
Denn as wi gahn wullen, keeken wi Udo nochmol an. Je länger he doot weer, desto geeler un wächserner wörr sien Huut. Marie keek sik dat an un sä: Ich finde, Udo sieht gar nicht mehr aus wie ein Mensch. So gelb wie er ist: Er könnte glatt einer von den Simpsons sein!
Ik möss so lachen. Denn ik heff mi vörstellt, dat Udo dor

leeg, geel un still, un ik kunn regelrecht hören, wie he mit Homer Simpson sien Stimme bölk: LANGWEILIG! Ik heff ümmer noch lacht, as ik rut güng. Un noch hüüt mutt ik grienen, wenn ik doran denk. Över den Doot lachen – dat deit goot!

Nah dat Sommerfest

Een fröhen Morgen in Juni
even vör Sünnenopgang
meist al Melkertiet
wi gaht nah Hus
mien Fru un ik
ton ersten Mol siet veele Johren
koomt wi vun een Fest un
dat is al wedder hell
Hand in Hand
schlendert wi langs de Straat
sabbelt Unsinn un hört tosamen
du lächelst un büst sexy as ümmer
un ik bün so besopen
sogor ik föhl mi sexy
nu sünd wi dor
tohuus
noch gau mit de Köters rut
un denn af to Bett
aver nich schlopen
erstmol nich

Melkbuern-Geschichten

Kümmt jo öfter mol vör, dat ik miene Geschichten vör Publikum vertell, un machmol denk ik, so is dat richtig, so is dat allerbest. Geschichten sünd dorto dor, vertellt to warrn, all in een Ruum, all tohopen, miteenanner ween un sik Geschichten vertellen, dat is soveel beter as alleen in sien Stuuv to sitten un to lesen. Wobi, ganz ehrlich: Lesen is ok nich schlecht.

Nahdem ik eenmol bi een Hofffest vun een Biobuern optreten weer, keem achteran een anner Biobuern-kollegen, sülven Melkbuer, nah mi hin un hett mi loovt för mien Geschichten, so direkt ut Leeven, sä he, un denn: „Ik bün mi seker, son Geschichten, as du schriffst, köönt blots Melkbuern schrieven. Dat sünd echte Melk-buerngeschichten.“

Ik heff nahfrogt, wat he dormit meen. Un he anter, genau verkloren kunn he dat nich, dat weer blots son Geföhl. Aver Melkbuern, sä he, Melkbuern hebbt een besünneret Gemüt. He meen, dat keem vun düssen Rhythmus, morgens melken, avends melken, jeden Dag, 365 Daag int Johr, un 366, wenn dat een Schaltjohr is. Egol, wat is, sä he, wunnerboren Dag, bescheetenen Dag, Krieg, Freden, ob een doot bleven is oder een geboren, ob du Striet harrst mit dien Fru oder ob ji jüst ut de Puch koomt, vunt Fütern, twee Saken sünd gewiss: Morgens warrt molken, avends warrt molken. Dat Leven geiht wieder, so oder so.

Ik heff mi noch länger mit düssen Kollegen ünnerholen –

ik mach jo to gern mit Buern schnacken – un achteran heff ik lang doröver nahdacht, wat he seggt harr. Un he hett recht. Ik bün Melkbuer, un ik schriev Melkbuerngeschichten. Se sünd övert Leven un ok mol över den Doot, aver ant End hört dat all tosamen. Un dat weet keen beter as de Buern. Dierten, ebenso as Minschen, warrt geboren un blievt doot, un as Buer, vör allem as Melkbuer, hest du jeden Dag dormit to doon. Een Dag warrt een Kalv geboren, annern Dag blifft villich een doot. Een Koh kriggt een Kalv; een anner mutt nah den Schlachter. Freud un Trurigkeit sünd nich wiet vun eenanner wech, aver ant End steihst du doch wedder in Melkstand un melkst, morgens un avends. Düsse Rhythmus nehmt de trurigen Saken den Schrecken un bewohrt di bi gode Saken dorvör, den Grund ünner de Fööt to verleeren. Un düsse Rhythmus mokt dat besünnere Gemüt vun de Melkbuern. Düsse Erdung, düsse stoische Roh, düsse gliekmäßige Unopgeregtheit. Hest du een goden Dag, kümmt bestimmt bald een schlechten. Aver hest du een schlechten Dag, kümmt ok wedder een goden, villich morgen al. Un twüschendörch warrt molken.

Ik bün Melkbuer, un ik bün dat gern. Ik vertell dorvun, mien Melkbuerngeschichten, jedeen, de dat weten will, un all de annern ok. Un jo, ik will Melkbuer blieven, solang dat geiht, un ik hoff, ik bün nich de letzte op unsen Hoff. Mien ölltsten Söhn Peer hett jüst utlehrt. He dörf sik nu „Landwirt“ nömen. Aver he keem vun de letzte Prüfung nah Huus un sä: „Du kannst nu Buer Peer to mi seggen.“ Ik heff mi so freut, ik weer meist afhoben. Aver ik möss jo melken, an Avend. Also bleev ik schön op de Eer.

In de Dörpstraat

Is jo allens ganz goot un schön mit de modernen Tieden, aver manche Saken weern fröher eenfach beter. Ik meen, fröher, in Düstern, de Dörpstraat rünner gahn, wat weer dat schön. Meddernacht güngen de Stratenlampen ut, un denn weer dat bi uns in Dörp würklich still un würklich düster, blots in dat een oder anner Fenster in ersten Stock kunnst du dat flackernde Licht vun Fernseher sehn, un du wüsst genau, dor liggt een sexuell frustreerten Familienvadder op Sofa, kiekt sik mit sien nieden Videorecorder een lütten Porno an un schrubbt sik een af. Aver dat kunn uns egol ween, ünnen op de Straat, in Sommer, barfoot op den Asphalt, noch warm vun de Sünn. Wi weern op den Wech nah de Baadsteed, üm to schwimmen, as sik dat gehört, nackig, un allens schwingt frie. Ganz liesen schnacken wi, un unse Fööt patschen so sachte op de Straat, un allens weer Vörfreude, un villich wöör man sogor wat sehn, een Mors oder eene Bost, aver meist weer Niemond un veel to düster, son Mist.

Oder in Winter, wenn dat schniet harr, un de Schnee möök allens so still un week, un dat weer koolt, so koolt, dat de Schnodder in de Nees infreert, bit Inaten, un wedder opdau, bit Utaten. Wi güngen Hand in Hand de Straat rünner, de Winterstebeln knarren op de fastföhrte Schneedeek. Dat Dörp leeg friedlich in de Nacht, all weern se ant Schlopen, blots in dat een oder anner Fenster… aver dat harrn wi jo al.

Jedenfalls weer dat düster int Dörp, dormols, nah Meddernacht, wenn de Stratenlampen ut weern. Aver hüüt is dat vörbi. Twors gaht de Stratenlampen ümmer noch ut; aver düster is dat dorüm lang noch nich. Nee, wenn du hüüt merrn in de Nacht de Dörpstraat rünner geihst, egol ob Sommer oder Winter, denn geiht bi jedet Huus, an dat du vörbi kümmst, de Bewegungsmelder an, links un rechts, so dat dat ümmer jüst bi di un achter di hell warrt, un vör di gaht de Lampen an un achter di langsam wedder ut, un as een lüchtende La-Ola löppt dat Licht mit di de Straat hindaal. Dat is ümmer noch liesen un friedlich in de Dörpstraat, nah Meddernacht, aver düster – dat is vörbi.

Oldesloer Kööm

Fief Johren is mien Vadder nu doot, aver liekers kümmt dat ümmer noch vör, dat ik ünnerwegens Lüüd drepen do, de mi wat vun em vertellt, dat ik noch nich weten heff. So weer ik nülichst as Entertainer op een runden Geburtsdag, dor schnack mi een ölleren Mann an, de mit mien Vadder tosamen op Kur weer, in Bad Salzschlirf, in de achtiger Johren.

As dat op de Kuren so is, bild sik dor gau Cliquen vun Lüüd, de goot miteenanner köönt un denn avends tosamen in de Kneipen gaht. Un denn drunken se Beer un Spirituosen as, wat weet ik, Obstler un Krüterschnaps, aver dat harr mien Vadder denn bald över, un he wull Kööm, Oldesloer Kööm, aver in ganz Bad Salzschlirf geev dat keenen Oldesloer Kööm. Dormit kunn mien Vadder sik nich tofreden geven, un denn hett he een Fründ anropen, ik weet nich, wen, ik heff de Geschicht ja nie vörher hört, aver de öllere Mann op den Geburtsdag vertell, dor kemen dree Buernfrünnen vun mien Vadder mit Auto nah Salzschlirf, stilecht in een Mercedes 200D, in Kofferrum twee Kisten Oldesloer Kööm.

Se weren över‘t Wochenend bleven un harrn eene feine Tiet miteenanner hatt. Wi Holsteener hollt tosamen, sä de öllere Mann, un wi helpt uns in de Not. Un ik müss grienen. Wat för een Geschicht. Un villich is se sogor wohr. Un wenn nich, is dat ok egol.

Knackwust!

As Jung weer dat dat Gröttste för mi, mit mien Mudder inköpen to föhrn. Ik meen, unsen Hof liggt ganz alleen achter de Autobahnbrüch, dor weer – afsehn vun de Tieren un de Treckers op den Hof – nich soveel los, un dor heff ik mi ümmer freut, wenn ik mol een beten Afwechslung harr. Un villich kunn ik mien Mudder jo noch extra Naschis ut de Rippen leiern. Also heff ik een beten rümqueest, un denn dörpte ik mit, wohrschienlich al dorüm, dormit dat Gequake ophöll.

Un denn güng dat los, in den lütten Supermarkt in't Naverdörp, de dat al lang nich mehr gifft, erst heet de Weska, denn Spar, un de Ladenbesitzer harr ümmer so een komische Fellmütz op, de ik lustig funn, aver Mudder sä, ik schull em dor nich op anschnacken, dat weer sien Toupet. Wat ok ümmer dat weer, ik kunn dormols jo noch keen Engelsch.

To'n Bäcker un to'n Schlachter güng dat denn ok. Bi den Bäcker geev dat nix, aver bi'n Schlachter stünn ik ümmer blangen Mudder, as se Wust un Fleesch köpen dä, un denn hett de rosige runde Fru achtern Tresen mi jedet Mol, aver würklich jedet Mol een Knackwust geven. Na, mien Lütten, sä se denn, un denn lang se mit ehren dicken Arm in de Utlagen, treck een Wust rut un lang se över den Tresen. Natürlich wull ik een Knackwust hebben, aver ik möss ümmer genau kieken, wat weren ehre Fingern un wat weer de Wust, aver denn harr ik se, heff mi freut un glieks rinbeten. Mudder sä denn ümmer: Wie heet dat? Un ik anter, mit vullen Mund: Knackwust! Aver denn, un dat kunn Mudder würklich goot, innerhalv vun 0,2 Sekunnen kunn Mudder richtig böös kieken, Mudder keek mi also ganz böös an un ik sä gau: Danke, Fru Schlachter!

Dat is nu över veertig Johren her; Mudder is doot un Fru Schlachter ok, aver vör ungefähr fief, söss Johren weer ik wedder öfter mit Mudder bien Schlachter – nah een Paus vun ungefähr 35 Johren. Mudder kunn nich mehr sülven Auto föhren, also bün ik öfter mit ehr Inköpen west. Ik meen, se harr mi ok een Zettel schrieven kunnt un ik harr ehr wat mitbröcht, aver ik heff ümmer dat Verkehrte köfft, den düren Biokroom, den wull Mudder nich, also bün ik mit ehr Inköpen west, ok bi'n Schlachter. Ik bün ümmer mit rin gahn un heff Mudders Fleesch un Wust rut dragen, wiel se mit ehren Stock un ehr Lopen noog to doon harr. Un denn stünn ik dor blangen Mudder vör den Tresen, jüst so as veertig Johren vörher, un ik dach, jichtenswat fehlt hier, wat is dat blots? Un dor full mi dat in, un ik keek mit Dackelblick de Fru Schlachter an un ik tööv un ik tööv… meenst, ik heff een Knackwust kregen?

Ik heff dat nich verstahn. Kannst seggen, wat du wist, aver manchet hett sik würklich verännert in uns Land…

Dirty Dörte

Mi geiht dat as de allermeisten Baggerfahrers: Ik heff, in mien Leven, baggert un baggert un baggert, aver ik bün blots eenmol anbaggert worrn. Jedenfalls so, dat ik dat markt heff. Ik meen, ik bün ja nich so fienföhlig. Liekers weer dat een unglücklichen Avend, de Avend, an den ik anbaggert worrn bün.

Ik weet noch, dor weer Grillfest in Blunk. Mien Zündapp weer twei, Kolbenfreter, un ik müss bi mien Kumpel Schodder mitföhrn, as Sozius, achter op. In Blunk weer orntlich wat los, de typische Grillfetenwelt weer tohopen, Oberlippenbärte, Muscleshirts, Duerwellen, lude Motorrööd, spackige Dreier-BMWs un doofe Musik. Weer super. Wi Jungs stünnen an de Danzfläche un sabbeln Blödsinn, dor knick mi mit eenmol dat Knee vun achter in. Ik weer meist daal fullen un wull, in genau düsse Regenfolg, tohauen un anlabern, dor sehg ik, dat dat Dörte weer. Se lächel mi an, een sötet, frechet Lächeln.

Dörte weer de öllere Schwester vun een Footballkolleg vun mi. Schienbor weer se alleen ünnerwegens. Se weer twee oder dree Johren öller as ik; se müss tomindst achtteihn ween. Mi keem dat komisch vör. Worüm knick se mi dat Knee vun achter in? Weer dat een Anneegerungsversöök? Un wenn ja: Wat wull se mit een lütten Jung as mi? Sössteihn Johren olt – ik heff mi nich so utkennt, aver wörr se nich in Knast komen, wenn se mit mi wat anfangen schull?

Na, sä se un lächel wedder. Nu weer ik an de Tour. Nu kümmt dat op an, dach ik, segg wat Charmantet, wat Witziget, wat Schlauet, dormit kriggst du ehr rüm, dach ik. Na, sä ik. Se bleev still. Ok hier?, fröög ik. Jo, sä se, süht man doch. Mmh, sä ik, is ja ok sünst nix los. Genau, anter se. Oha, dach ik, dat warrt ja nie wat. Aver Dörte lächel ümmer noch, un krampfhaft överlegg ik, wo dat wieder gahn kunn.
Un denn full mi dat in: Romantischet Dinner! Dat möögt se doch all, dach ik, un fröög: Wist een Wust? Jo, geern, anter se, un ik reep: Okay, ik geev een ut. Ketchup oder Senf? Senf, anter se, un ik müss doran denken, wat mien Vadder ümmer sä: Senf mookt dumm. Un mi full in, wat mien Fründ Lothar ümmer meen: Dumm fickt goot! Ik bring di doppelt Senf, sä ik to ehr un güng weg, üm mi an Grill antostellen. Ik leet mi dree Wust mit veerfach Senf op eene doppelte Papp leggen; ik dach, so kunnen Dörte un ik uns neeger komen, bi uns romantischet Dinner.
Een Ogenblick later stünn ik wedder bi Dörte; wi breken uns jeder een Stück vun de erste Wust af un weern jüst dorbi, uns Romanze mit gepflegten Smalltalk a là Un sonst? Mutt! in Gang to bringen, dor keem jichteneen vun achtern un stött mi an, un de Papp mit den Senf land an Dörtes Pulli. Ik weer unseker, wat Dörte nu vun mi verlangen wörr, den Kerdl een to langen, aver de weer groot un breet, grötter un breder as ik, un överhaupt müss ik lachen, as ik Dörte sehg, mit den Senf an den Pulli, un ik dach: Dirty Dörte, un wiel ik jüst dorbi weer un nich anners kunn, dach ik: Dirty Dancing mit Dirty Dörte, un ik müss noch mehr lachen. De Welt weer schön, so schön.

Ik leep los un hool Servietten, üm den Senf aftowischen, un glücklicherwies weer Dirty Dörte ümmer noch bestens op. Nu wull se danzen, mit mi, aver ik weer eher de Üm-de-Danzfläche-Rümsteiher-un-blöd-ut-de-Wäsche-un-op-de-Morsen-Kieker, un överhaupt spelten se jüst „Life is live“ vun Opus, dat schlimmste Leed vun de ganze Popgeschichte, ut Österriek, alleen dat is schlimm, dach ik, un ik sä to Dirty Dörte: Ik koom nah, wenn se Musik speelt. Dörte dackel af, nah de Danzfläche hin, un se danz un lächel ümmer wedder in miene Richtung, mit so‘n Strahlen in ehr Ogen, un ik dach: Jo, nu strahlst du noch, un nahher is dat Jammern groot, wenn du erst in Knast büst, wegen *Verführung Minderjähriger.*
Mit eenmol keem Schodder vun achtern un neih mi sien Helm op de Schuller. Wi wüllt los, reep he. Woso dat denn?, anter ik. Is doch Mist hier, reep he, hör di blots mol de kranke Musik an! De is doch super, brummel ik. Opus, Aller, reep he, dat is furchtbor, allens, wat ut Österriek kümmt, is schlimm, Opus, Hans Krankl, Hitler, schlimm schlimm, reep he, wi wüllt nu nah Flintbek, dor schall noch wat los ween, in de Sandkuhl. Mook, wat du wist, ik föhr nu mit de annern nah Flintbek, entweder, du kümmst mit, oder du bliffst hier! Bi Opus!
Ik kreeg Panik. Wenn ik nu hier bleev, harr ik keen Fohrer mehr un keem nich nah Huus. Un villich wörr dat ja gor nix mehr mit Dirty Dörte, dat weer överhaupt as een Droom, ik meen, een Deern, nee, een utwussen un womöglich erfahrene Fru baggert mi an, wokeen schall dat denn glöven, aver denn wedder is dat so: Dat Korn mutt döscht warrn, wenn dat riep is, naja, aver unwohrschienlich is dat doch, un Schodder leep los, un

ik achteran, scheiße, dach ik, wat mook ik hier, aver denn seet ik al bi Schodder op de Zündapp Richtung Flintbek. Aver eegentlich harr ik keen Lust op Flintbek, ik wull dirty danzen mit Dirty Dörte, un as wi op de Autobahn an unsen Hof vörbi föhren, dor hau ik Schodder op de Schuller, he schull mi afsetten, ik wull nich mehr mit nah Flintbek. Un he brems un leet mi rünner un ik leep de Böschung hoch un kladder över den Tuun an de Straat un güng vun achtern över uns Huuskoppel rin in Kohstall un vun dor op de Deel. De Golf vun mien Öllern weer nich dor, un mi full in, dat se bi Frünnen op een Silberhochtiet weren. Se wörrn so gau nich wedder komen.
Mit eenmol weren mi glieks verscheedene Saken klor: Mien Zündapp weer twei. Mien Öllern nich dor. De Leevde vun mien junget Leven danzt in Blunk un töövt op mi. Mien Föhrerschien gültig ok för een Trecker. Un de Fendt vun mien Vadder ganz alleen tohuus.
Ik leep röver nah de Maschinenhall. Dor stünn he, de Fendt, he glitzer in't schwache Licht as een Juwel, Fendt Favorit 611 LSA, mit Turbomatik un Kabine un Radio un Heizung. Ik schmeet em an un geev Gas un neih mit 45 Saken röver nah Blunk, ganz fickerig weer ik vör Opregung, Dirty Dörte, ik koom, ik bün ünnerwegens, ik koom, ik koom, bölk ik op den Trecker, un denn weer ik dor, in Blunk. Ik park mien Trecker blangen de ganzen Motorrööd, kladder rünner vun den Fendt un leep röver nah de Danzfläche. Life is live weer intwüschen to End; se spelten Foreigner, „I've been waiting for a girl like you", klassisches Engdanzleed, un ik keek mi üm un söch allens af nah Dörte, mien Dirty Dörte, wo weer se

blots, jichtenswo müss se doch stahn un op mi töven, un dor stünn se ok, nee, se danz, ganz langsam, ganz eng, ganz dirty mit Harald, unsen Torwart.
Se hebbt heiraat, dree Kinner kregen, hebbt sik scheden laten un sünd wedder op den Markt. Nülichst heff ik ehr beide dropen, unafhängig vuneenanner, op Grillfest in Blunk. Dor weer ik mit mien Fru. Se heet Birte. Beautiful Birte.
Ach ja, blangenbi: De Fendt löppt ümmer noch. He is nu 34 Johren olt un ümmer noch mien Lieblingstrecker. Dütmol aver weren Birte un ik mit Auto in Blunk. Utnohmswies. Dat mutt ja ok mol bewegt warrn…

De Kultivator achtern Knick

Siet över twintig Johren bün ik nu Buer; 1998 heff ik den Bedrief vun mien Öllern övernohmen. De sünd nu beide doot, aver dor is noch soveel, överall op den Hoff, wat mi ümmer wedder an ehr denken lött. Dreeundörtig Johren weren Vadder un Mudder de Buerslüüd bi uns, un afsehn dorvun, dat se den Bedrief natürlich entwickelt hebbt in ehre Tiet, sünd dat de lütten Saken, mit de se sik verewigt hebbt. Ik meen, Mudders Gummisteveln heff ik intwüschen entsorgt, de weren nich mehr goot, blots ehre Melkerschört hangt noch vör den Melkstand, ungebruukt siet söven Johren, Mudder kümmt ja nich mehr to melken, dorbi hett se so gern noch wullt, to'n Schluss, in't Krankenhuus, ümmer hett se vun't Melken schnackt un dat se nu opstahn müss, to melken, un ehr ole Schüerbörst liggt noch ümmer op dat Regal in de Deel, dormit hett se ümmer sünnavends ehre un Vadders Steveln putzt, un blangenbi liggt Vadders olen Cowboy Hoot, de is ut Leller, mien Broder harr den mitbröcht, ut Australien, dor weer he as jungen Kerdl mol west, över Winter.

An meisten aver sünd dor Vadders Provisorien. Saken, de twei gahn sünd, un Vadder hett ehr eerstmol flickt, mit blauet Band, un dat höllt hüüt noch, dorbi is Vadder al siet fief Johren doot. Un ik weet noch, dor weer ik noch nich Buer, aver ik heff ümmer mol holpen op den Hof, fröhe ningtiger Johren, letztet Johrdusend, dor keem Vadder mit den Trecker un Kultivator dorachter vun Acker torüch. Ik stünn op den Hofplatz, un Vadder reep mi to, ik schull em den Draht open moken, de Kultivator weer kaputt, een Lager utlopen, ik stell em eerstmol achtern Knick, hett he seggt, un denn müss man em mol heil moken, över Winter.

Süh, un nu, groff geschätzte sössuntwintig Johren later, steiht de Kultivator dor ümmer noch un töövt dorop, dat de Winter kümmt un he heil mookt warrt. Intwüschen wasst een Eschenboom ut siene Mitt, söven Meter hoch, halven Meter dick, un keen Jungtier schüert sik doran, geiht ja nich, is de Kultivator bi rüm. In sien tweetet Leven is he Schutzgitter worrn för een Eschenboom.

Kannst seggen, wat du willst, aver nix is ümsünst, un allens hett sien Sinn.

Romantik

Ganz ehrlich: Mien Öllern weren würklich keene Romantik-Ninjas. Dor weer nix mit Rosenblödenbleed op de Bettdeck oder Sektfröhstück in't Bett oder, wat weet ik, Ölmassagen in't Kerzenlicht. Jedenfalls heff ik dor nix vun mitkregen. Mudder sä höchstens mol to Vadder: Kannst mi mol den Rüüch kleien, un machmol hörte sik dat an, as harr se seggt: Kannst mi an de Fööt kleien.
Liekers, mien Öllern höllen tosomen, un nix bröch ehr uteenanner, aver Romantik? Kann ik mi nich vörstellen. Nie warr ik vergeten, wie dat weer, as mien Broder un ik mit mien Öllern un de Pastorin tohopen seten, üm den Gottesdeenst för de Golden Hochtiet vun de beiden to beschnacken. De Pastorin fröög erst mien Mudder, worüm se sik jüst in mien Vadder verkeken harr, wat an em so besünners weer, un se sä: Ik harr jo ok annere hebben kunnt. Un denn sä se eerstmol gor nix mehr, un de Pastorin keek een beten ratlos. Un Mudder schnack wieder: He weer jo so'n lütten Dicken, bi't Rietturnier stünn he so alleen in de Eck, dor harr ik Mitleed.
Un denn fröög de Pastorin mien Vadder, worüm he sik mien Mudder utsöcht harr. Un he anter: Se kunn jo goot melken, un för't Kalvermisten weer se sik ok nich to schaad. Punkt. Mien Broder un ik keken uns an un grienen uns to.
Ümmerhin: Mien Öllern hebbt jo seggt toeenanner, un se meenen dat ok so. Heiraat hebbt se in Mai 1962, un se bleven 52 Johren un veer Monate tohopen, bit Vadder doot

bleev, in September 2014. As Vadder in sien Füerwehruniform in Sarg leeg, hett Mudder de Deck hochböhrt, üm to kieken, wat se em ok Socken antrocken harrn, nich, dat he koole Fööt kriegen wörr, ünnerwegens. Un se schnack so zärtlich mit em, as he dor leeg, koolt un doot, so zärtlich harr ik ehr nie vörher schnacken hört, mit em, ehr Wöör weren vull mit Towendung un Leevde, un mit eenmol wörr mi klor: Romantik, goot un schön, aver Leevde geiht schienbor ok ohn Romantik. Mien Öllern weren dat beste Bispeel dorför.

Ruhigen Vertreter

In allgemeenen bün ik ja een ruhigen Vertreter. Ik meen, mi bringt so licht nix ut de Roh. Ik bün ja ok anerkannten Kriegstdeenstverweigerer. As se mi fraagt hebbt, wat ik denn moken wörr, wenn ik mit mien Fründin dörch den Park spazier un denn koomt teihn Russen un wüllt ehr an de Wäsche, un tofällig heff ik een Maschiengewehr in de Hannen, dor heff ik seggt: De armen Russen. Ik wörr ehr erstmol ganz fast in miene Armen nehmen un ehr ganz doll drücken. Un denn wörr ik versöken, mit ehr in't Gespräch to komen un to fragen, wat se denn bewegt in ehre Harten, so wiet weg von ehre Heimat. Un överhaupt gah ik nie nich mit mien Fründin in den Park, wiel de Gefahr so groot is, dat wi dor teihn Russen dreept. Un wenn wi in den Park gaht, laat ik lever mien Maschiengewehr tohuus, üm nich in Gewissenskonflikte to komen.

Nee, as ik al seggt heff, ik bün een ruhigen Vertreter. To'n Bispeel heff ik mien olen Opel Campo Pickup, Bujohr 2001, nah een Autoschruver geven. Vörher harrn twee annere furchtlose Autoschruver seggt: Dat lohnt nich. Kriegt wi nich över'n Tüv. Verkööp em nah Afrika. Un solang du em föhrst, hang dor lever keen Anhänger mehr an. Aver, nu, wat schall ik moken, ik heff sentimentale Geföhle för miene olen Autos. Ik heff een drütten Autoschruver fragt, un he hett sik dat bekeken un seggt: Ik mook di dat ferdig. För tweedusend Euro. Sövenhunnert vörweg. Aver dat is nich in twee Wochen ferdig. Dorför

höllt he denn nochmol veer Johren. Mindestens. Juhu, heff ik dacht, mien Pickup blifft bi mi un mutt nich nah Afrka. Ik heff em dat Auto hinstellt un em sövenhunnert Euro geben. Dat is nu över een Johr her. Wenn ik em mol drepen do, bi't Inköpen, seggt he ümmer: Wi sünd goot dorbi. Dingsdag föhr ik mit em nah den Tüv. An't End vun Maand hest du em wedder, un denn is he aver schickilacki, segg ik di, schickilacki; denn is he wedder allerbest. Un ik segg ganz ruhig: Jo, Frank, allens klor. Du mookst dat al. Un natürlich fallt mi op, he hett nich seggt, welken Dingsdag he nah den Tüv hin föhrt un an't End vun welken Maand ik den Pickup wedder kriegen do, jo, ik mutt sogor grienen, blöd is he nich, de Frank, eher een Schlingel. Ik kann em nich böös ween.
Nee, ik bün een ruhigen Vertreter. Seltsamerwies gifft dat blots eene Saak, wo ik so richtig ut de Huut fohr. Ik kann gor nich mol seggen, worüm. Aver wenn ik in't Auto ünnerwegens bün un vör mi is so een niemodischet Auto, dat nich eenfach blots blinken kann, nee, dat mutt besünners blinken, so vun de Mitt nah buten, so as wörr düsse mistige Angeberblechkist wat Beteret ween, kiek mol hier, wie ik blinken kann, veel schöner as du, wenn ik, ach, ik weet, ik schall keene Marken seggen, aver wenn ik, mol seggen, so een beschetenen Golf oder so'n mistigen Audi seh, du, denn krieg ik de Wut, denn warr ik so wat vun, aver so wat vun füünsch, ik kunn em oder ehr, schietegol, achter rin föhren, un BAM! oh, de schöne Blinker is twei, dat deiht mi aver leed, klei mi an Mors, du Blödkopp, du!
Aver sünst bün ik ja een ruhigen Vertreter. Een ganz ruhigen Vertreter. Köönt ji mi glöven.

Mien Grootonkel Friedrich

Mien Opa Johannes schull eegentlich gor nich Buer warrn. He harr Masse Geschwister, un eegentlich schull sien ölleren Broder Friedrich den Hof övernehmen. Aver de weer weg; in uns Familie heet dat ümmer, Friedrich weer nah Amerika utwannert, aver Kontakt to em geev dat nich. Dorüm hett mien Opa em so üm un bi 1930 för doot erklären laten, dormit he den Hof moken kunn.
Lange Johren weer dat blots so'n Familienlegende, Opas Broder in USA, aver annerletzt hett de Chronistin vun uns Dörp över utwannerte Lüüd ut Stolpe recherchiert, un in de Inwannerungslisten vun Ellis Island vör New York hett se mien Grootonkel Friedrich tatsächlich funnen. In Oktober 1923 is he dor ankomen, 25 Johren olt, mit een Schipp ut Southhampton. Annere Sporen vun em heff ik nich funnen. Ok nich vun de Familie. Wohrschienlich hebbt se sik een annern Nomen geven. Ik meen, al op de Inwannerungslist heet he Stuhrwoldt, mit U, nich mit Ü, un, naja, so teemlich keen Noom is for Amis schworer uttoschnacken as: Stührwoldt. Stjuwul, oder wat. Wohrschienlich hett he dacht, dat geiht nich, un sik Miller oder Fischer oder Trump nöömt, un zack, weren de Wöddeln vun sien Leven vörher kappt, eenfach afschneden.
Un denn denk ik: Wat is woll ut em worrn? Friedrich Stührwoldt ut Stolpe, geboren 1898? Wo weer dat för em, dor to stahn, Ellis Island, mit een lütt Kuffer mit all sien Kroom, in de Schlang vör de Ünnersökung dörch den

Dokter, de em in Hals kiekt un överall anfaat, üm to verhinnern, dat he Krankheiten inschleppt? Harr he Angst? Oder hett he dacht: Ik bün jung, ik bün gesund, ik bün een Stührwoldt, ik schaff dat?
Hett he glieks Arbeit funnen? Wat hett he mookt? Hett he een Fru funnen? Oder een Mann? Hett he Familie hatt? Heff ik amerikanische Grootkusinen un -cousins? Is he glücklich storven, in Amerika, Friedrich Stührwoldt ut Stolpe? Hett he dacht: Goot, dat ik utwannert bün, dormols? Oder hett he dacht: Weer ik blots tohuus bleven?
So veele Frogen, un keen Antwort. Allens, wat ik weet, is: Machmol denk ik an em, Friedrich Stührwoldt, mien unbekannten Grootonkel. He is nich vergeten. Ob he wohl een feinen Kerdl weer?

Quellenverzeichnis

Die Geschichten dieses Buches wurden aus den zum Zeitpunkt des Erscheinens dieser Zusammenstellung vergriffenen Büchern entnommen. In der nachfolgenden Auflistung der Geschichten sind die jeweiligen Quellen genannt.

In Vadder sien Tasch; Köh rutlaten: Candle-Light-Dinner; Schnack vernünfti mit mi; Een Glück, ik bün Melkbuer; Intimrasur; Höla-Party; Stringtanga; Schiet, Scheet un Scheiß – entnommen aus: Matthias Stührwoldt „Schnack vernünfti mit mi", Quickborn-Verlag, Hamburg 2010.

Titti haam!; De plattdütsche Koh; Optellen; De Pandbuddelschreck vun Stolpe; Lever he as ik; De Afdanzball – entnommen aus: Mattthias Stührwoldt „Lever he as ik", Quickborn-Verlag, Hamburg 2011.

De Resteschwien; Mien Klassenlehrer; De LAN-Party-Killer; Melken mit Mudder; Oma plückt Maiglöckchen; Gassi gahn; Internetbanking – entnommen aus: Matthias Stührwoldt „Gassi gahn", Quickborn-Verlag, Hamburg 2012.

Zwieback un Matrix; De Doot un dat Leven; Koh in de Gülle; Dat blaue Band; Nah den Optritt; Wat Öllern so vertellt; De Buernregeln – entnommen aus: Matthias Stührwoldt „Dat Blaue Band", Quickborn-Verlag, Hamburg 2013.

Dat Marzipanbrot; Birtes Ohr; Platt in Alldag; Gülle; Produktionsaufgaberente; Op'n Dackböön; Dat meiste geiht doch vörbi – entnommen aus: Matthias Stührwoldt „Dat meiste geiht doch vörbi", Quickborn-Verlag, Hamburg 2014.

Gören!; Segeln, Alder!; Landwirtschaft – een Spraak; Sommertiet, Wintertiet, klei mi an Mors!; Över den Doot lachen; Nah dat

Sommerfest; Melkbuern-Geschichten; In de Dörpstraat – entnommen aus: Matthias Stührwoldt „Melkbuern-Geschichten", Quickborn-Verlag, Hamburg 2016.

Oldesloer Kööm; Knackwust; Dirty Dörte; De Kultivator achtern Knick; Romantik; Ruhigen Vertreter; Mien Grootonkel Friedrich – entnommen aus: Matthias Stührwoldt „Knackwust", Quickborn-Verlag, Hamburg 2019.